헬로 루비: 컴퓨터랑 놀자! 린다 리우카스 지음 | 이지선 옮김

1판 1쇄 펴낸날 2018년 1월 31일
펴낸이 이충호 | 펴낸곳 길벗어린이(주) | 등록번호 제10-1227호 | 등록일자 1995년 11월 6일
주소 10881 경기도 파주시 문발로 214-12 | 대표전화 031-955-3251 | 팩스 031-955-3271 | 홈페이지 www.gilbutkid.co.kr
총괄 권혁환 | 편집1팀 송지현 최미라 임하나 | 편집2팀 이은영 김하나 | 디자인 Design KEY 서정민
마케팅 이정욱 유소희 김서연 | 총무·제작 최수용 손희정 임희영
ISBN 978-89-5582-434-6 74000 | 978-89-5582-353-0 (세트)

A FEIWEL AND FRIENDS BOOK
An Imprint of Macmillan

Hello Ruby: JOURNEY INSIDE THE COMPUTER by Linda Liukas
Copyright ⓒ 2017 Linda Liukas
All Rights reserved.
This Korean edition was published by Gilbut Children Publishing in 2018 by arrangement
with Hello Ruby Oy c/o FOUNDRY Literary+Media through KCC(Korea Copyright Center Inc.), Seoul.
The Android robot is reproduced or modified from work created and shared by Google and used
according to terms described in the Creative Commons 3.0 Attribution License.

이 책은 (주)한국저작권센터(KCC)를 통한 저작권자와의 독점계약으로 길벗어린이(주)에서 출간되었습니다.
저작권법에 의해 한국 내에서 보호를 받는 저작물이므로 무단전재와 복제를 금합니다.

이 책의 국립중앙도서관 출판예정도서목록(CIP)은 서지정보유통지원시스템 홈페이지(http://seoji.nl.go.kr)와
국가자료공동목록시스템(http://www.nl.go.kr/kolisnet)에서 이용하실 수 있습니다.(CIP 제어번호 : CIP2017031208)

헬로 루비 : 컴퓨터랑 놀자!

린다 리우카스 지음
이지선 옮김
(숙명여자대학교 시각영상디자인학과 교수)

길벗어린이

 루비와 함께 컴퓨터 모험을 떠나요!

　루비는 상상력이 풍부한 아이예요. 주변에 똑똑한 친구들도 두었죠. 호기심이 많아 친구들과 함께 지도를 펼치고 여행을 떠나는 것을 좋아해요. 이번에 루비는 생쥐 친구 마우스와 함께 아빠의 컴퓨터 속으로 모험을 떠나려고 해요. 아빠의 컴퓨터는 놀랍고 신비로운 것들로 가득 차 있거든요.

　루비는 뭐든 시키면 명령대로 척척 해내는 아빠의 컴퓨터를 볼 때마다 빛나는 보석 상자 같다고 생각했어요. 그리고 도대체 컴퓨터 속에서 어떤 일들이 일어나는 건지 궁금했지요. 아빠는 노트북이나 태블릿 PC, 휴대전화도 모두 컴퓨터처럼 프로그램에 의해 작동하는 거라고 말씀하셨어요. 그 말이 정말일까요? 그렇다면 컴퓨터 프로그램은 어떻게 만들어지는 걸까요? 혹시 컴퓨터 안에 뭔가가 숨겨져 있는 건 아닐까요?
　루비는 이 궁금증을 풀기 위해 컴퓨터 속으로 모험을 떠날 거예요. 마치 거울을 통해 환상적인 세계로 여행을 떠났던 이상한 나라의 앨리스처럼 말이에요. 컴퓨터 모험은 분명히 이상한 나라로 떠나는 여행만큼이나 흥미롭고, 신기한 것투성일 거예요.

　루비와 신나는 컴퓨터 모험이 끝나면 이 책에 실려 있는 다양한 놀이를 해 보세요. 특히 내가 직접 생각하여 만드는 '노트북 컴퓨터 만들기'는 정말 재미있을 거예요. 만약 활동을 하다가 궁금한 것들이 생기면 helloruby.com/answers에서 질문에 대한 답을 얻을 수 있어요. 이 사이트는 전 세계 친구들과 함께 볼 수 있는 사이트랍니다. 길벗어린이 홈페이지 gilbutkid.co.kr에 가면 루비와 친구들을 만나고 활동지도 다운로드할 수 있으니 꼭 이용해 보세요.
　자, 이제 꼬마 친구 루비와 함께 즐겁고 신나게 컴퓨터 속으로 모험을 떠나 볼까요?

차례

루비와 함께 컴퓨터 모험을 떠나요!   4
루비와 친구들을 소개합니다!   6

이야기책

1. 심심해   8
2. 아빠의 컴퓨터   14
3. 비트를 만나다   20
4. 어려운 질문   24
5. 커서의 행방   28
6. 눈표범을 만나다   34
7. 커서를 찾다!   38

활동 놀이책

준비물·만드는 법   46
노트북 컴퓨터 만들기   48

1. 컴퓨터란 무엇일까요? `활동 1-3`   51
2. 컴퓨터는 어디에 쓰일까요? `활동 4-6`   55
3. 입력과 출력이 궁금해요 `활동 7-11`   59
4. 컴퓨터는 무엇으로 이루어져 있나요? `활동 12-15`   69
5. 운영체제와 애플리케이션 `활동 16-17`   76
6. 비트, 논리 게이트와 전기 `활동 18-22`   80
7. 컴퓨터 살펴보기 `활동 23-26`   88

용어풀이   94
작가소개   96

루비와 친구들을 소개합니다!

루비 RUBY

나는 새로운 걸 배우는 게 좋아. 대신 포기하는 건 싫어하지. 내 생각을 나누는 것도 좋아해. 들어 볼래? 우리 아빠는 정말 최고야! 나는 재밌는 농담을 잘해. 그리고 나는 다섯 개의 특별한 보석을 가지고 있어.

숨은 초능력	무엇이든 상상할수 있어!
좋아하는 말	왜?
싫어하는 것	헷갈리는 건 정말 싫어!

비트 BIT

우린 몸집이 아주 작아. 항상 '예' 또는 '아니오'로 대답하지. 우리는 펀치 카드, 마그넷, 전기, 코인 등에 관심이 많아.

숨은 초능력	우리는 매우 특별한 방법으로 계산해. 8, 16, 32, 64, 128, 256. 재미있지 않아?
좋아하는 말	키비비트! 메비비트! 페비비트!
싫어하는 것	갇혀 있는 것이나 틈새

논리 게이트 LOGIC GATE

우리는 논리와 이유를 좋아해. 우리는 항상 정확하지만 때때로 작은 반복을 하기도 해. 또 우리는 누군가와 함께 일하지만, 쉽게 논쟁을 벌이기도 하지.

숨은 초능력	우리는 무엇이 참이고 무엇이 거짓인지 말할 수 있어.
좋아하는 말	참!
싫어하는 것	양자 논리

소프트웨어 SOFTWARE

커서 CURSOR

나는 재빠른 어릿광대 같아. 때때로 걷잡을 수 없이 이리저리 달려나가지.

숨은 초능력	상황에 따라서 나의 겉모습을 바꾸는 것을 좋아해. 때때로 나는 화살, 손가락 모양, 수직 막대 등으로 바뀌지.
좋아하는 말	항상 조금 기울어진 채 세상을 보자!
싫어하는 것	너무 작은 상자, 비치볼, 모래시계

눈표범 SNOW LEOPARD

나는 가장 아름답고 우아하고 고상한 눈표범이란다. 종종 로봇들과 결투를 벌이는데, 비길 때가 더 많아.

숨은 초능력	끝없는 아름다움
좋아하는 말	다르게 생각해!
싫어하는 것	사람들의 냉정한 시선. 사람들이 나를 까다롭다고 생각하지만, 나는 알고 보면 무척 사랑스러워.

하드웨어 HARDWARE

마우스 MOUSE

나는 일벌레야. 누군가 돕는 것을 좋아하지. 컴퓨터에게 꼭 필요한 친구이기도 해.

- **숨은 초능력** 오른쪽 버튼
- **좋아하는 말** 이것을 클릭해!
- **싫어하는 것** 나는 터치스크린을 싫어해.

램 RAM

나는 중앙 처리 장치(CPU), 그래픽 처리 장치(GPU), 하드 디스크 드라이브(HDD)와 함께 일하지만, 네가 컴퓨터를 꺼 버리면 나는 모든 것을 잊어버리지.

- **숨은 초능력** 나는 빠르고, 유연해.
- **좋아하는 말** 교체, 네 차례야!
- **싫어하는 것** 메모리 에러와 유실

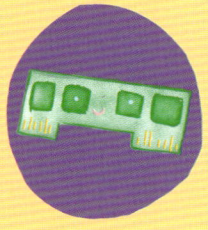

롬 ROM

나는 실수로 지우고 싶지 않은 모든 것들을 지키려고 해. 아니면 나는 잠을 자. 너는 아마 내 사촌 플래시(Flash)도 알고 있을 거야.

- **숨은 초능력** 나는 아무것도 잊지 않아.
- **좋아하는 말** 일어나!
- **싫어하는 것** 나는 매우 작고, 오래되었고 매우 느려. 하지만 아주 중요하지.

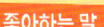

그래픽 처리 장치 GPU

나는 화면의 이미지를 만들고 출력하는 것과 관련된 모든 것을 다루지.

- **숨은 초능력** 나는 동시에 많은 일을 할 수 있어. 그리고 종종 프로세서보다 빨라.
- **좋아하는 말** 빠르다!
- **싫어하는 것** 픽셀들

중앙 처리 장치 CPU

컴퓨터 작동이 얼마나 빠르고 효과적인지는 나에게 달려 있어. 너는 많은 곳에서 날 찾을 수 있어. 휴대전화에서도, 로켓에서도! 나는 '프로세서'라고도 해.

- **숨은 초능력** 대량 고속 처리
- **좋아하는 말** 불러오기! 해독하기! 실행하기!
- **싫어하는 것** 열! 나는 쉽게 뜨거워지거든. 하지만 운 좋게도 팬이라는 선풍기가 있지.

하드 디스크 드라이브 HDD

나는 필요한 정보를 저장하는 보조 기억 장치야.

- **숨은 초능력** 엄청 많은 정보를 저장할 수 있어.
- **좋아하는 말** 오, 기억들!
- **싫어하는 것** 클라우드

gilbutkid.co.kr에서
루비와 친구들의 숨은 뜻을 찾아보세요.
영어 버전은 helloruby.com에서!

1 심심해

루비는 상상력이 풍부한 아이예요.
만약 루비가 마음만 먹는다면 어떤 것이든 해낼 수 있죠.
그런데 오늘 루비는 정말 심심해요.

할 일도 없고 놀 사람도 없어요. 티 파티 하러 가는 것도 재미가 없고,
뗏목을 만드는 것도 재미가 없어요. 심지어 장난감들도 그냥 앉아서 쳐다보고 있어요.
모험을 좋아하는 루비에겐 모두 지루할 뿐이에요. 루비는 한숨을 쉬어요.

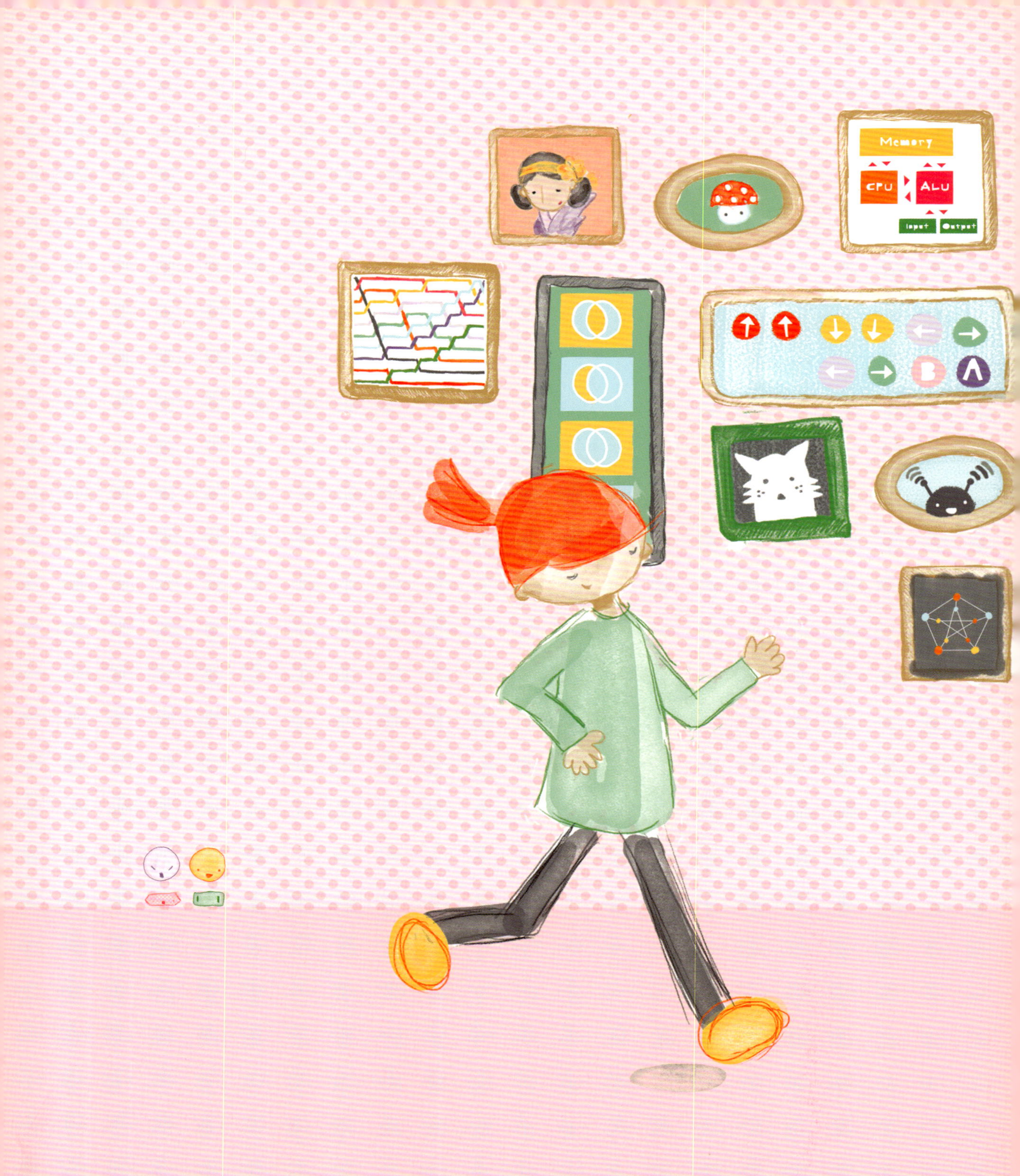
Memory
CPU
ALU
Input
Output

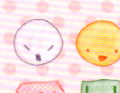

아빠가 루비에게 컴퓨터를 가지고 놀자고 약속했지만
아빠는 지금 집에 없어요. 엄청 바쁘시거든요.
"아빠가 약속을 했으니까, 나 혼자라도 컴퓨터를 가지고 놀아야겠어."
루비는 아빠의 작업실로 들어갔어요.

2 아빠의 컴퓨터

루비는 아빠의 컴퓨터를 켜고, 모니터의 전원을 켰어요.
그리고 조심스럽게 비밀번호를 입력했어요.
"비밀번호는 littlemissruby1010."
루비는 마우스를 클릭했어요. 그런데 아무 일도 일어나지 않았어요.
다시 마우스를 클릭했지만 여전히 화면은 변하지 않았어요.
"바보 컴퓨터 같으니……." 루비는 중얼거렸어요.

그때 갑자기 작은 흰색 생쥐 '마우스'가 코를 킁킁거리며 냄새를 맡더니 말했어요.
"오늘은 컴퓨터가 멈춰 버렸군."

"뭐가 문제지?" 루비가 마우스에게 물었어요.

"커서가 내 메시지에 대답을 하지 않아. 커서와 나는 항상 팀을 이루어 일하지. 그런데 커서가 어디론가 사라져 버렸어!"

루비는 눈을 반짝이며 말했어요.

"걱정 마. 내가 아는 최고의 컴퓨터 문제 해결사가 바로 나거든. 난 네가 친구 찾는 걸 도울 수 있어. 컴퓨터 안으로 들어갈 수만 있다면!"

"정말? 그렇다면 날 따라와.
우리가 어떻게 컴퓨터 안으로 들어갈지 내가 알아.
이게 바로 내가 컴퓨터로 메시지를 보내는 방법이거든."
쥐구멍! 루비는 컴퓨터 옆에 구멍이 있다는 걸 전혀 모르고 있었어요.
매우 흥분한 루비는 자기 몸을 아주 작게 만들고, 마우스를 따라서 구멍으로 들어갔어요.

그리고 어디론가 한없이 떨어졌어요.

3 비트를 만나다

아래로 아래로…… 루비는 끝없이 떨어졌어요.
마침내 수십억 개의 반짝이는 작은 조각들이 있는
커다란 공간에 도착했지요.
"후유, 좀 어지러워." 루비가 숨을 크게 내쉬었어요.
"여기는 뭐 하는 곳이지?"
"아, 비트들이 있는 곳이야. 항상 켜졌다 꺼졌다, 켜졌다 꺼졌다 해.
컴퓨터 안의 모든 것들은 비트들로 만들어져."

"그럼 커서가 어디에 있는지 비트들에게 물어볼까?"
"비트들은 아무 도움도 되지 않을 거야. 비트들과 직접 이야기하는 건
너무 피곤하거든. 비트들은 '1'과 '0', '예'와 '아니오'로만 말해.
더 많은 것을 말하려면 적어도 8개의 비트가 있어야 해."
마우스는 참을성 있게 설명한 다음, 루비를 다음 장소로 이끌었어요.

4 어려운 질문

루비와 마우스는 높은 벽을 만났어요.
벽에 걸쳐 있는 사다리를 타고 올라가니
저 멀리 문이 하나 보였어요.
마우스가 문을 가리키며 말했어요.

"저 문을 통과해서 가야 해. 논리 게이트들이 문제지만."
논리 게이트는 문까지 가는 길에 놓여 있는
낯선 장치들을 말하는 거였어요.
루비와 마우스는 논리 게이트들을 조용히 지나치려고 했지만,
곧 그들의 눈에 띄고 말았어요!

루비는 도전을 받아들일 준비가 되어 있었어요.
루비가 문 쪽으로 걸어가자 논리 게이트들이 문제를 냈어요.

"꽤 잘하는군! 그럼 또 다른 문제를 내지.
이번엔 A 또는 B 둘 중에서 어느 하나만 참이어야 답이 참이 되는 문제야."
그때 마우스가 속삭였어요.
"루비, 더 복잡해지기 전에 뛰자! 지름길로 갈 거야."

5 커서의 행방

꺼내고, 실행하고,
저장하고, 다음!

"이제 누구에게 도움을 요청해야 하는지 알아." 마우스가 말했어요.
"중앙 처리 장치! 중앙 처리 장치는 멀리 떨어져 있어도
모두에게 명령을 내릴 수 있어.
그런데 어찌나 대장처럼 이래라저래라 하는지 말을 걸기도 무서워."

그때, 루비가 중앙 처리 장치에게 거침없이 다가가 마치 전문가처럼 물었어요.

"당신이 이곳의 대장인가요?"

"물론! 모두에게 할 일을 명령하는 게 내 일이니까. 나는 매우 빠르고, 엄청나게 바쁘지."

"그런데 커서가 오늘 일하지 않아요. 혹시 보신 적 있나요?"

중앙 처리 장치는 갸우뚱하며 대꾸했어.

"몰라. 뭔가를 기억하는 건 내 일이 아니야! 나는 결정하고 명령하는 것만으로도 너무 바쁜 몸이라고. 그래픽 처리 장치한테 가서 물어보든가. 커서는 그의 비서니까."

루비와 마우스는 그래픽 처리 장치를 찾아갔어요.
"나의 아름다운 창조물을 보러 온 걸 환영해!
멋있지? 나의 비밀은 수학적 정확성이야."
그래픽 처리 장치가 숨가쁘게 말했어요.
"여기에 커서의 흔적은 없어."
마우스는 실망스러운 목소리로 말했어요.

"이제 램에게 물어보는 수밖에 없어."
다행히 루비와 마우스는 금방 램을 찾을 수 있었어요.
"하아, 너무 더워." 램이 숨을 헐떡이며 말했어요.
"그런데 왜 계속 뛰고 있어? 멈추면 안 돼?" 루비가 물었어요.
"중앙 처리 장치와 그래픽 처리 장치가 나를 가만두지 않아.
일을 하려면 내가 하드 디스크 드라이브에 저장된 것들을
계속 꺼내 줘야 하거든."
램은 쉬지 않고 뛰고 또 뛰었어요.

"미안하지만, 커서가 하루 종일 보이지 않아. 혹시 무슨 일이 있었는지 기억하니?"
"글쎄. 하루가 끝날 때라 나는 지쳤고, 내 머리는 텅 비어 버렸어.
 하드 디스크 드라이브를 뒤져 보든가."
 루비는 하드 디스크 드라이브에게 다가갔어요.
"루비, 여기 하드웨어 쪽에서는 커서를 찾지 못할 거야. 소프트웨어 쪽으로 가야 해."
 하드 디스크 드라이브는 매우 다정하고 현명한 목소리로 일러 주었어요.

소프트웨어

6 눈표범을 만나다

"와! 여기는 무척 익숙한 곳이야."
루비는 신이 나서 소리쳤어요.
"이것 봐, 내가 제일 좋아하는 게임이야!"
"그리고 여기가 바로 커서가 있어야 할 곳이기도 하지."
마우스는 걱정스러운 목소리로 말했어요.

"안녕, 루비! 오랜만이야. 아, 마우스 너도 왔구나."
눈표범이 둘을 반갑게 맞이했어요.
"난 혼자 티 파티를 하고 있어. 커서가 사라져서 오늘은 정말 조용했거든. 혹시 커서를 본 적이 있니? 내 운영체제는 커서가 없으면 사용하기 힘들어."
"우리도 커서를 찾으러 왔어. 그런데 주위에 물어봐도 도움이 되질 않아. 우리는 이 문제를 지금 당장 해결해야만 해."
루비는 뭔가 굳게 결심한 듯한 얼굴로 말했어요.

하드웨어

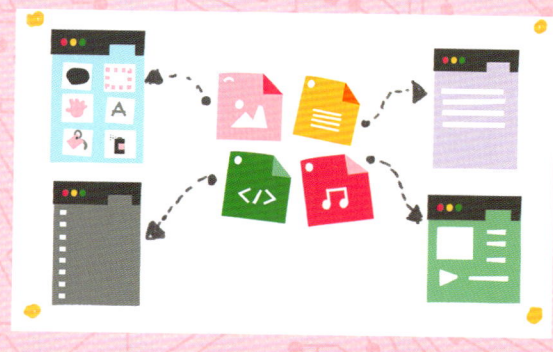

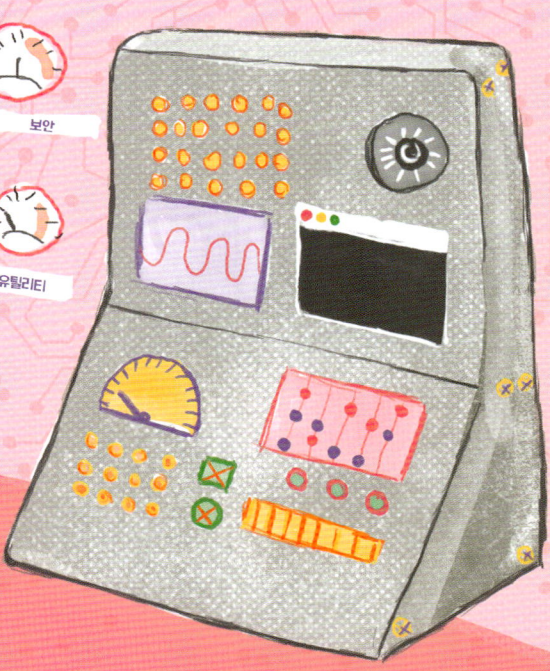

7 커서를 찾다!

루비는 문제를 해결하기 위해 차근차근 계획을 세웠어요.

"맨 먼저 할 일은 커서가 있을 만한 모든 장소를 생각해 보는 거야.

그다음엔, 우리가 이미 방문했지만 커서를 찾지 못했던 장소들을 제외하는 거지."

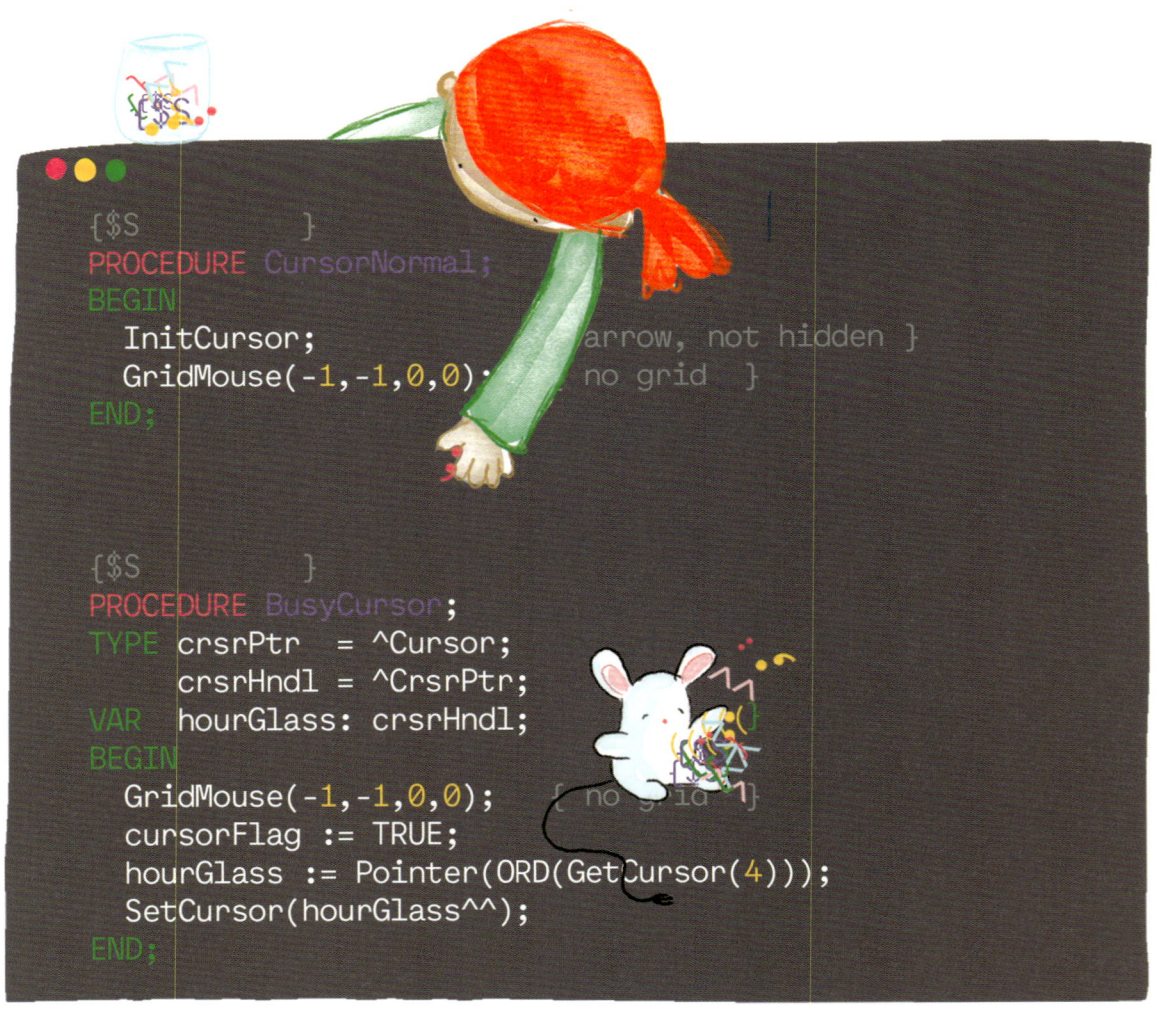

```
{$S       }
PROCEDURE CursorNormal;
BEGIN
  InitCursor;                  { arrow, not hidden }
  GridMouse(-1,-1,0,0);        { no grid }
END;


{$S       }
PROCEDURE BusyCursor;
TYPE crsrPtr  = ^Cursor;
     crsrHndl = ^CrsrPtr;
VAR  hourGlass: crsrHndl;
BEGIN
  GridMouse(-1,-1,0,0);        { no grid }
  cursorFlag := TRUE;
  hourGlass := Pointer(ORD(GetCursor(4)));
  SetCursor(hourGlass^^);
END;
```

"그래도 커서를 찾을 수 없다면
왜 커서가 사라졌는지 생각해야 해."

루비는 어깨를 으쓱하며 말했어요.
"최고의 문제 해결사는 항상
이유를 생각해야 하는 법이니까!"

잠시 후, 루비가 소리쳤어요.
"아하! 이제 커서가 사라진 이유를 알 것 같아!"
그러고는 마우스를 컴퓨터에 연결했지요.

커서는 깊은 잠에 빠졌던 거예요.

"마우스! 난 아주 긴 낮잠을 잤어. 아무 일도 일어나지 않아서,
 기다리는 동안 잠들어 있어야만 했거든." 커서는 크게 하품을 하며 일어났어요.
"우리 다시 시작하자! 날 어서 움직이게 해 줘.
 클릭하고, 빙빙 돌고, 밀어 버리고, 끌어오고, 떨어뜨리고, 가리키고.
 얼른 화면 위에서 움직이고 싶다고!"

"마우스와 커서, 너희는 정말 훌륭한 팀이야. 이제 둘이 계속 함께 일할 수 있어."
루비가 마우스를 클릭하며 말했어요.
"나는 정말 훌륭한 문제 해결사야. 이제 컴퓨터가 이렇게 잘 작동하잖아!
아빠도 날 무척 자랑스러워하시겠지?"

활동 놀이책

컴퓨터는 내가 가장 좋아하는 친구야.

그런데 컴퓨터 친구에게는 비밀이 하나 있어.

컴퓨터는 명령을 잘 따르고 재빠르지만,

스스로 생각할 줄은 모르거든.

지금부터 우리의 풍부한 상상력과 손재주로

멋진 나만의 노트북 컴퓨터를 직접 만들어 보자.

그리고 재미있는 활동을 해 보는 거야.

어때? 정말 신날 것 같지 않니?

나만의 노트북 컴퓨터 만들기 시작!

준비물

 종이 2장(도화지 정도 두께)

 가위

 테이프와 풀

밝은 색 사인펜과 연필

이 아이콘이 있는 활동에서는 여러분이 만든 노트북 컴퓨터를 활용해요!

만드는 법

1. 먼저 노트북 케이스와 메인보드를 만들 거예요. 종이 한 장에 48쪽의 노트북 케이스와 메인보드를 그리고 오립니다. 노트북처럼 반으로 접을 수 있어요.

2. 메인보드 부속품을 그린 뒤 오려 내세요.
   (오려 낸 구성 요소는 잘 모아 둡니다.)

3. 노트북의 메인보드에 오려 낸 각 부속품의 위치를 확인하고 붙입니다.

4. 키보드 크기를 확인한 다음, 다른 종이에 키보드를 그립니다.
   완성된 키보드를 오려 내세요.

5. 운영체제, 웹 브라우저, 장식과 파일 아이콘 등을 그린 다음 오려 내세요.

6. 짜잔! 이제 모든 준비가 끝났네요. 본격적인 활동에 들어가 볼까요?

노트북 컴퓨터 만들기

아래의 구성 요소들을 직접 따라 그리며 노트북 컴퓨터를 만들어 보세요.
복사하거나 길벗어린이 홈페이지에서 다운로드해서 만들어도 좋아요.

노트북 케이스와 메인보드

종이 한 장에 아래 그림과 같이 노트북 케이스와 메인보드를 그리고, 오리세요.
컴퓨터를 이루는 요소들의 제자리를 찾아 여기에 실제로 놓아 볼 거예요.

메인보드 부속품

다른 종이에 아래의 메인보드 부속품을 그리고, 오리세요. 그리고 제자리를 찾아서 메인보드에 붙여 보세요.

램(RAM)

하드 디스크 드라이브 (HDD)

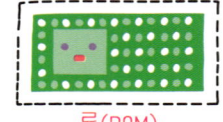

롬(ROM)

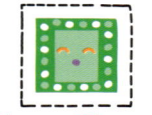

중앙 처리 장치 (CPU)

그래픽 처리 장치(GPU)

운영체제(Operating System)

컴퓨터의 프로그램이 실행될 수 있는 환경을 만들어 주는 컴퓨터 운영체제(OS)의 로고들을 그려 보세요.

윈도(Window)   리눅스(Linux)   맥 오에스(Mac OS)

웹 브라우저(Web Browser)

인터넷 웹 페이지를 마음껏 디자인해 보세요.

키보드(Keyboard)

노트북 컴퓨터의 키보드를 그려 보세요.

장식 스티커

노트북 케이스를 꾸밀 스티커를 그려 보세요. 여러분이 그리고 싶은 대로요!

파일 아이콘

아래와 같이 다양한 파일 아이콘도 그려 봅니다.

마무리하기

위의 요소들을 오린 다음, 48쪽에서 만든 노트북 케이스의 제자리에 붙이면 나만의 노트북 컴퓨터 완성!

길벗어린이 홈페이지 gilbutkid.co.kr 에서 그림을 다운로드하여 활용하세요!

1
컴퓨터란 무엇일까요?

컴퓨터는 좋은 친구가 될 수 있어요.
컴퓨터를 사용하여 그림을 그리거나, 노래를 듣거나,
게임을 만들거나, 어마어마하게 큰 수도 계산할 수 있지요.
여러분도 루비처럼 컴퓨터 여행을 떠나 볼까요?

꼭 기억해!

컴퓨터는 하드웨어와 소프트웨어로 구성되어 있습니다.
컴퓨터의 전기적 또는 기계적 부분은 하드웨어라고 합니다.
컴퓨터에서 실행되는 프로그램은 소프트웨어입니다.
하드웨어와 소프트웨어가 함께 컴퓨터를 작동시킵니다.

컴퓨터 케이스를 열면 다양한 기계 부속품이 보일 거야. 이건 모두 하드웨어지!

활동 1

컴퓨터의 이름을 지어요

컴퓨터를 돌려 보면 컴퓨터마다 이름과 시리얼 넘버(컴퓨터에 매겨진 고유한 번호)가 붙어 있어요. 여러분도 자신이 만든 컴퓨터에 이름과 시리얼 넘버, 컴퓨터를 만든 여러분의 이름을 남겨 보세요. 자신만의 사인을 해도 좋아요.

> 내 유명한 친구들 에니악, 리사, 왓슨, 할을 본 적 있니?

컴퓨터 이름

시리얼 넘버

엔지니어

> 길벗어린이 홈페이지 gilbutkid.co.kr 에서 이름표를 다운로드하여 활용하세요!

활동 2

하드웨어와 소프트웨어로 분류해요

컴퓨터는 하드웨어와 소프트웨어로 이루어져 있지요. 마우스는 하드웨어고, 커서는 소프트웨어예요. 그렇지만 둘은 함께 일하죠. 아래 그림을 보고 하드웨어와 소프트웨어로 나누어 분류해 보세요. 두 가지 모두에 포함되는 것도 있답니다.

활동 3

무엇이 컴퓨터일까요?

컴퓨터는 어디에나 있어요. 아마 집에 있는 컴퓨터만 해도 수십 개는 될 거예요.
아래 그림 중 컴퓨터와 컴퓨터가 아닌 것을 나누어 분류해 보세요.

차	 개	꿈	 휴대전화
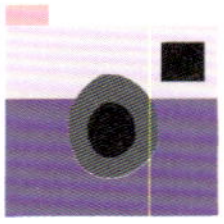 카메라	 음식	 장난감	
 달력	 식물	 책	 가로등

 생각해 봐!

위의 그림 중에서 10년 전에도 컴퓨터였던 것이 있는지 부모님이나 선생님에게 물어보세요.
그리고 위의 그림 중에서 10년 뒤에는 또 어떤 것이 컴퓨터가 될 수 있을지 상상해 보세요.

컴퓨터는 어디에 쓰일까요?

컴퓨터는 수많은 분야에서 활용돼요.
컴퓨터는 빠르고, 정확하고, 반복되는 일들을 매우 잘하니까요.
컴퓨터가 모두 똑같이 생긴 건 아니랍니다.
장소나 쓰임새에 따라 다양한 형태로 만들어져 사용되고 있지요.

꼭 기억해!

컴퓨터들은 엄청 복잡한 일을 하는 것처럼 보이겠지만, 사실은 아주 단순한 계산들을 하나씩 풀어 나가는 거예요. 대신 그 속도가 상상할 수 없을 만큼 빠르답니다. 컴퓨터들은 정해진 지시에 따라 결정을 내릴 수는 있지만, 스스로 답을 결정하진 못해요. 반면에 사람들은 창의적이고 독립적으로 생각할 수 있지요. 이것이 바로 사람과 컴퓨터가 좋은 팀을 이룰 수 있는 이유랍니다.

나, 기억나니?

활동 4

컴퓨터를 조립해요

노트북 컴퓨터의 케이스를 열고, 아래쪽 메인보드 위에 키보드를 올려놓으세요.
그리고 들추면 안을 볼 수 있도록 테이프를 위쪽에만 붙여요. 어때요?
여러분이 노트북을 조립한 거예요!

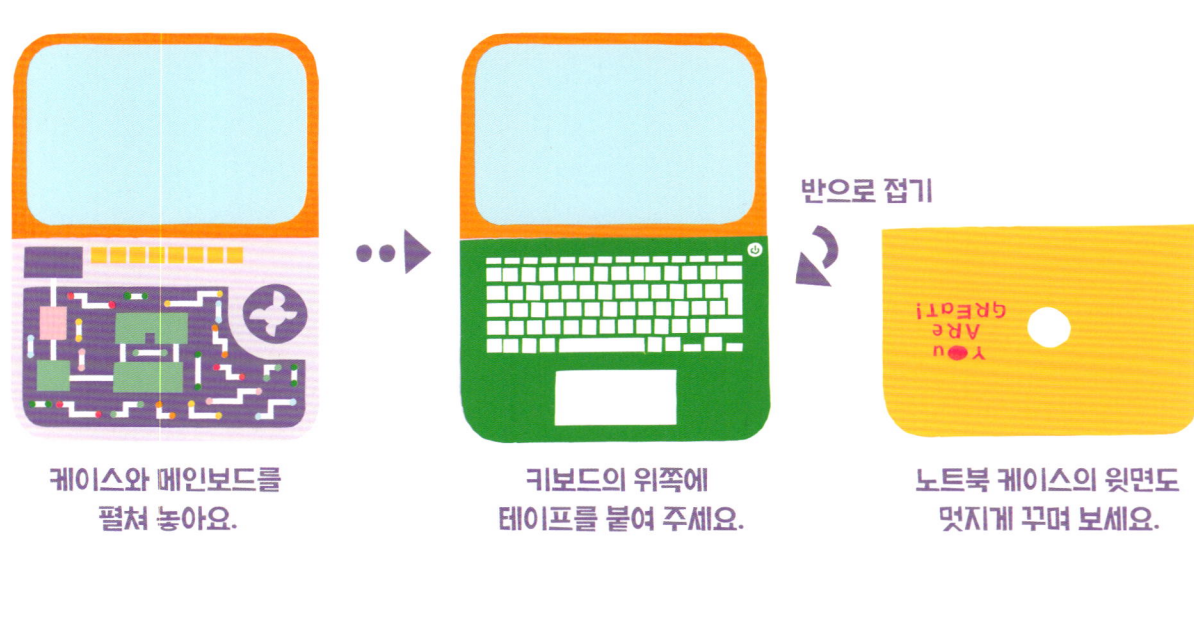

케이스와 메인보드를 펼쳐 놓아요.

키보드의 위쪽에 테이프를 붙여 주세요.

노트북 케이스의 윗면도 멋지게 꾸며 보세요.

컴퓨터들은 생각을 할 수 없어.
시키는 대로만 할 뿐이야.

컴퓨터는 좋은 친구라고 했지요? 그런데 컴퓨터가 어떻게 여러분을 도울 수 있을까요? 나와 컴퓨터가 어떻게 하면 좋은 팀이 될 수 있을까요?

활동 5
컴퓨터의 특징을 알아보아요

컴퓨터와 인간은 서로 특징이 달라요. 장단점을 비교해 보면 정확히 알 수 있을 거예요.

내가 잘하는 것

내 컴퓨터가 잘하는 것

내가 잘 못하는 것

내 컴퓨터가 잘 못하는 것

이 활동을 하고 난 후
내가 느낀 것

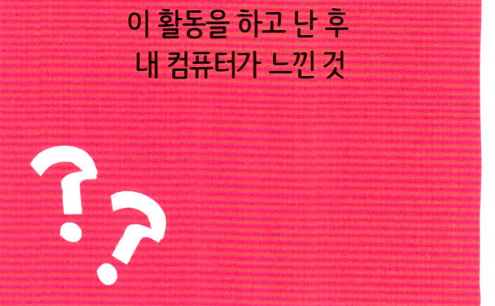
이 활동을 하고 난 후
내 컴퓨터가 느낀 것

활동 6

컴퓨터를 찾아보아요

일주일 동안 여러분 주변에서 발견한 컴퓨터들을 모두 적어 보세요.

컴퓨터를 어떻게 발견하냐고? 전원 버튼, 코드, 배터리, 혹은 깜박이는 불빛 같은 단서를 찾아봐.

날짜	시간	발견한 장소	컴퓨터가 한 일

길벗어린이 홈페이지 gilbutkid.co.kr 에서 위의 표를 다운로드할 수 있어요.

내가 발견한 컴퓨터 수의 합계

❸ 입력과 출력이 궁금해요

루비는 컴퓨터 안으로 들어갔지만, 사실 컴퓨터에는 데이터만 넣을 수 있답니다.
여러분이 키보드의 자판을 치면 컴퓨터가 데이터를 읽어 들이고,
이 데이터는 컴퓨터의 프로세스에 따라 처리되어 다양한 결과들을
화면을 통해 보여 주지요.

꼭 기억해!

컴퓨터가 작동하는 데 필요한 기본 요소는 입력 장치, 프로세서(중앙 처리 장치), 출력 장치, 기억 장치예요. 데이터를 바깥 세계로부터 받아 오는 것을 '입력'이라고 해요. 이 일은 키보드, 센서, 마우스 같은 입력 장치들 몫이에요. 데이터가 입력된 뒤에 일어나는 일을 '프로세스'라고 해요. 프로세서가 컴퓨터가 처리할 수 있는 방법으로 데이터나 명령을 받아들이는 과정을 뜻하지요. 이때 '메모리'라는 기억 장치로부터 명령을 받는답니다. 출력 장치는 결과를 보여 줘요. 컴퓨터 화면에 글자가 뜨는 것, 스피커로 소리가 나오는 것 등 데이터가 처리되어 나타나는 모든 결과가 바로 출력이에요.

활동 7

입력 장치와 출력 장치로 분류해요

어떤 장치가 입력 장치이고, 어떤 장치가 출력 장치일까요? 단, 입력과 출력을 모두 할 수 있는 장치가 두 개 이상 있답니다.

활동 8

키보드를 만들어요

키보드는 입력 장치예요. 글자나 숫자 등을 입력하거나 명령을 내릴 때 쓰인답니다.

키보드로 '루비'라는 단어를 입력해 볼까요? 키보드를 치는 것을 '타이핑'이라고 해요. 열 손가락을 이용해 타이핑 연습을 해 보세요. 키보드를 사용해서 여러분의 이름을 쓸 수 있나요? 집에 있는 키보드를 보고 여러분이 만든 노트북 키보드의 비어 있는 키에 한글의 자음과 모음을 넣어 주세요.

엔터(enter) 키. 엔터 키를 누르면 입력이 끝났다는 것을 알려 줘요. 또는 어떤 명령을 실행시키라는 것을 지시하고, 문서 편집 프로그램에서는 보통 한 단락의 끝을 알려 주지요.

백스페이스(backspace) 키. 이 키를 누르면 커서 왼쪽에 있는 글자를 지워 줘요.

스페이스 바(space bar). 단어 사이에 빈 공간을 만들 때 사용해요.

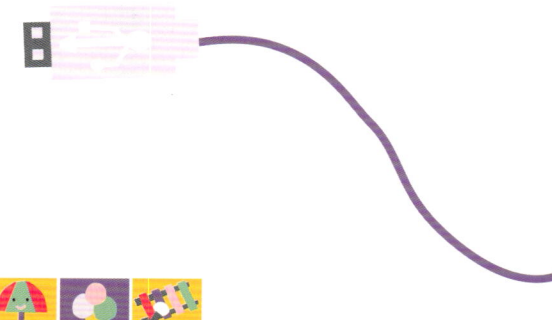

1부터 0까지 숫자를 키보드 맨 윗줄에 넣어 주세요. 21은 어떻게 타이핑하면 될까요?

글자와 숫자를 채우고 난 뒤, 키보드에 비어 있는 키를 새롭게 디자인해 보세요! 여러분만의 키를 디자인해 보고, 다양한 기능을 상상해 보세요. 여러분이 새롭게 만든 키보드의 키들은 무슨 일을 하나요?

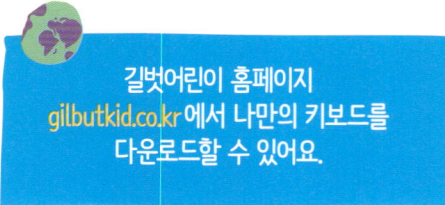

길벗어린이 홈페이지 gilbutkid.co.kr 에서 나만의 키보드를 다운로드할 수 있어요.

활동 9

입·출력 장치를 디자인해요

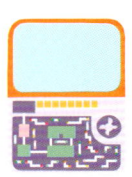

헬멧이나 안경 같은 새로운 유형의 입력 장치를 여러분이 디자인하면 어떨까요? 또는 아주 작은 프로젝터 같은 출력 장치를 디자인해 보는 거예요. 내가 만드는 노트북에 사용할 입력 장치와 출력 장치를 새롭게 디자인하여 종이에 그려 보세요. 마우스, 스피커, 비디오 카메라 등과 같은 모양일 수도 있고, 전혀 새로운 모양과 기능을 가진 것일수도 있겠지요.

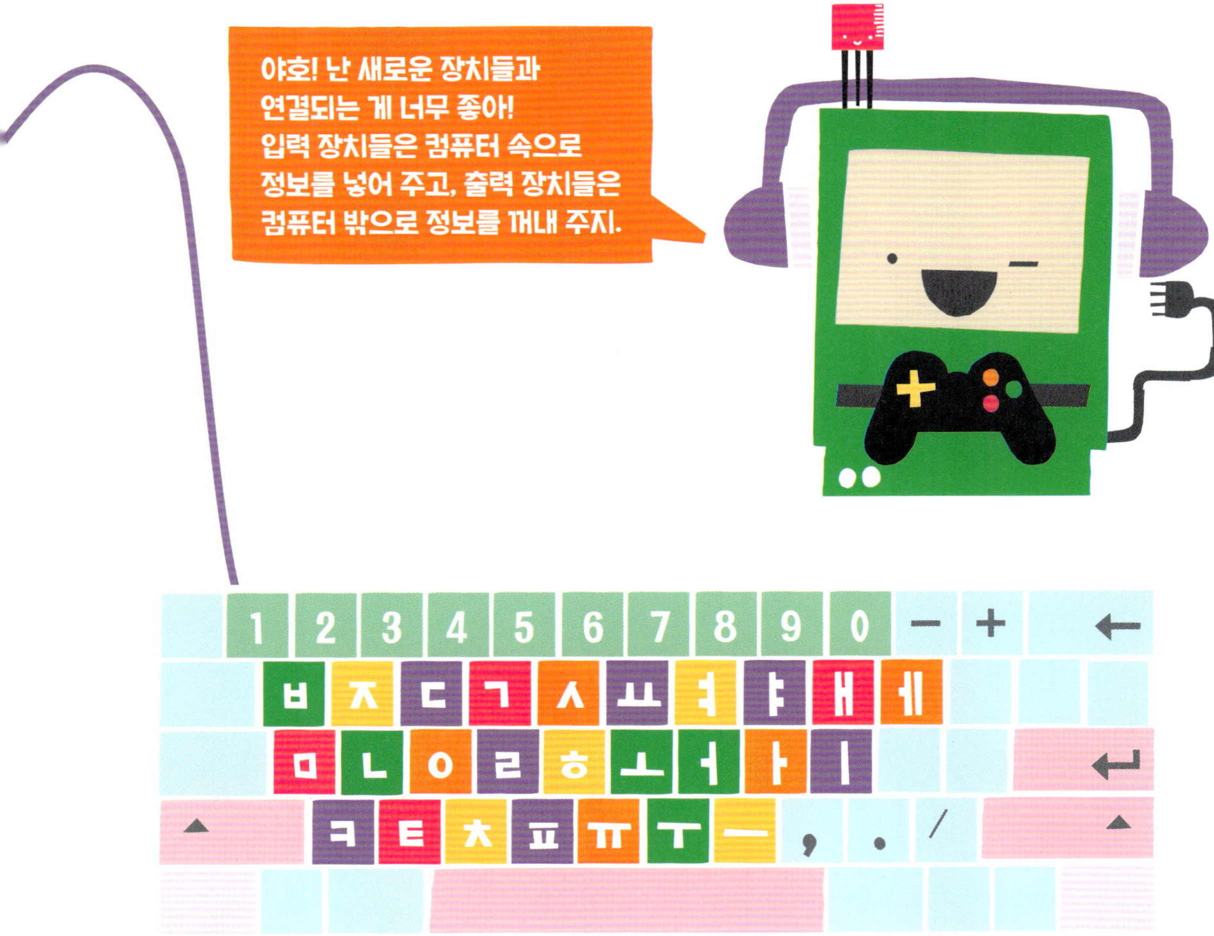
야호! 난 새로운 장치들과 연결되는 게 너무 좋아! 입력 장치들은 컴퓨터 속으로 정보를 넣어 주고, 출력 장치들은 컴퓨터 밖으로 정보를 꺼내 주지.
1 2 3 4 5 6 7 8 9 0 − +
ㅂ ㅈ ㄷ ㄱ ㅅ ㅛ ㅕ ㅑ ㅐ ㅔ
ㅁ ㄴ ㅇ ㄹ ㅎ ㅗ ㅓ ㅏ ㅣ
ㅋ ㅌ ㅊ ㅍ ㅠ ㅜ ㅡ , . /

활동 10

센서를 만들어요

사람들은 만지고, 듣고, 보고, 맛보고, 냄새를 맡을 수 있어요. 오감, 즉 촉각, 청각, 시각, 미각, 후각을 가지고 있기 때문이죠. 컴퓨터는 오감이 없는 대신 센서들을 이용해 바깥 세상으로부터 데이터를 모아요. 요즘에는 휴대전화 등의 기기에도 센서가 있답니다.

다음 그림을 보고 오감과 우리 몸의 부위를 찾아 연결해 보세요.

컴퓨터의 센서는 매우 정확해서, 인간의 감각 기관이 느끼기 어려운 신호나 자극도 감지할 수 있어.

컴퓨터는 주위에 있는 것들을 어떤 방법으로 느낄 수 있을까요? 컴퓨터를 위한 새로운 센서를 떠올려 보고, 그 센서들이 컴퓨터에 어떤 영향을 미칠지 생각하면서 아래 빈칸을 채워 보세요.

센서	센서가 감지하는 것	컴퓨터에 미치는 영향
온도	어떤 것이 얼마나 뜨겁고 차가운지, 그리고 얼마나 온도가 변했는지 감지해요.	컴퓨터가 너무 뜨거워지면 팬을 돌려 컴퓨터의 열을 식히도록 합니다.
빛	아침, 점심, 저녁 등 시간에 따라 빛의 양이 어떻게 달라지는지 감지해요.	
압력	여러분이 의자에 앉을 때나 버튼을 누를 때 압력의 차이나 변화를 감지해요.	
동작	사람이 문 안으로 걸어 들어온다거나 하는 움직임의 변화를 감지해요.	
습도	밖에서 비가 내리는 경우, 습도의 변화를 감지해요.	

활동 11

입력과 출력을 연습해요

이제 컴퓨터를 작동할 때 가장 중요한 '입력 – 프로세스 – 출력' 과정을 연습해 보세요. 이 과정에서 그림의 빈칸에 빠진 행동들을 채워 넣어 주세요.

- 컴퓨터로 계산하는 연습입니다. 손가락으로 처리 과정을 따라가 보세요.

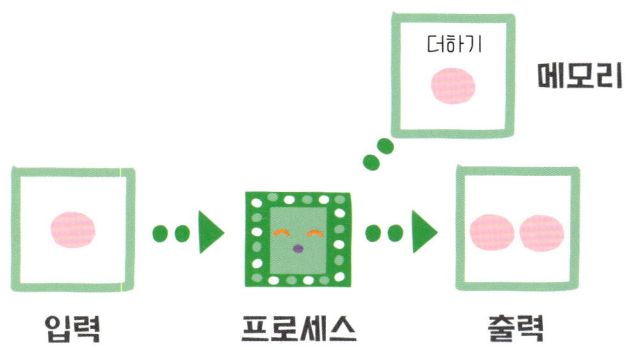

- 프로세스 과정을 살펴보세요. 분홍색 동그라미가 몇 개 더해졌나요?

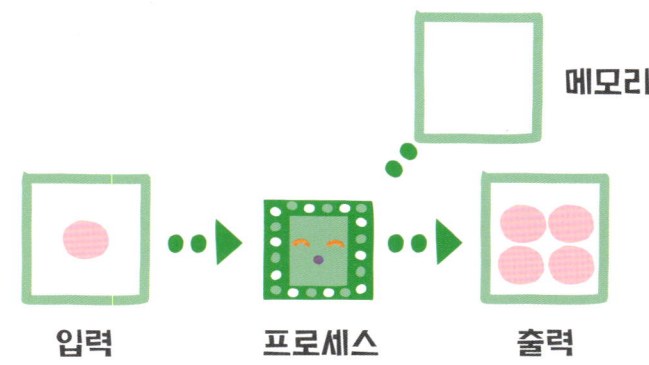

• 처음에 입력된 분홍색 동그라미는 몇 개일까요?

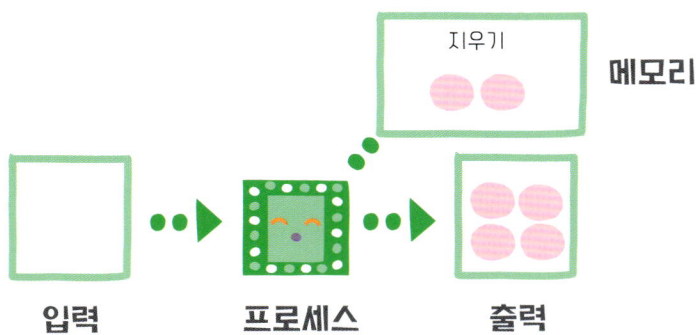

• 입력한 글을 프린터로 보내면 어떻게 될까요?

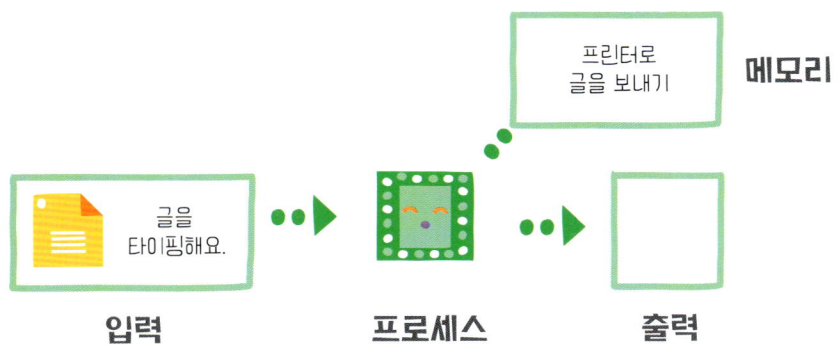

컴퓨터는 비트로 바뀔 때만 데이터를 처리할 수 있어. 따라서 마우스를 클릭하거나 키보드를 눌렀다 뗄 때마다 입력 신호가 1과 0으로 바뀌지.

- 자동차 안에도 컴퓨터가 있어요! 누군가가 의자에 앉는다면 자동차의 어떤 센서가 작동할까요? 만약 안전벨트를 풀면 어떻게 될까요? 차의 작동 결과가 바로 출력의 결과랍니다.

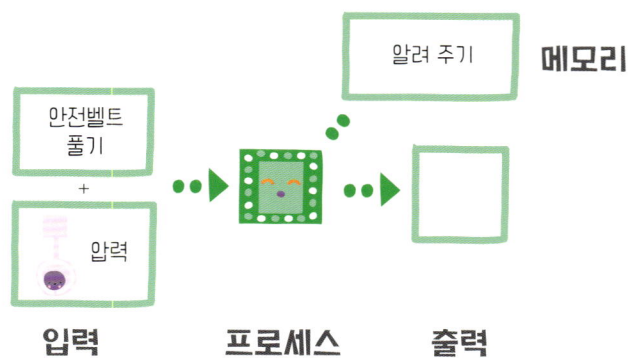

- 정원에는 빛 센서와 습도 센서가 있어요. 이 센서들은 여러분들에게 어떤 도움을 줄 수 있을까요? 처리 과정을 생각해 보고, 빈칸을 채워 보세요.

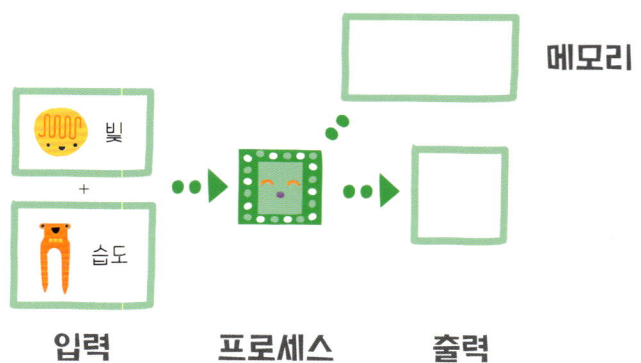

아래의 일이 이루어지는 과정을 '입력 – 프로세스 – 출력'으로 비교하여 설명해 보세요.
여러분이 다른 예시를 만들어 보는 것도 재미있을 거예요.

- 상점에서 물건값을 카드로 계산하기
- 화재 경보기를 끄기
- 이메일을 보내기
- 전자레인지 사용하기

④ 컴퓨터는 무엇으로 이루어져 있나요?

루비가 컴퓨터 안에서 만났던 여러 친구들을 기억하나요?
컴퓨터 안에는 매우 많고 작은 전자 부품들이 들어 있어요.
각각의 부품은 저마다 특별한 역할을 수행한답니다.

꼭 기억해!

루비가 탐험한 컴퓨터는 데스크톱 컴퓨터예요. 그런데 노트북, 휴대전화 등을 이루고 있는 구성 요소들도 데스크톱 컴퓨터와 거의 비슷하답니다. 하는 일도 거의 똑같지요.

컴퓨터 속에 있는 대부분의 구성 요소들은 '폰 노이만 구조'로 이루어져 있어요. 존 폰 노이만이란 사람이 고안한 방식인데, 조금씩 달라 보이거나 어떤 부분들이 없기는 하지만 대부분은 기본 구조가 같아요. 현재 우리가 쓰는 컴퓨터도 대부분 폰 노이만의 설계를 기본 구조로 디자인되고 있다니 정말 놀랍지 않나요?

컴퓨터 속을 들여다본 적 있니? 작은 부속품이 얼마나 많이 들어 있는지 보면 깜짝 놀랄 거야!

활동 12

구성 요소들의 위치를 찾아요

메인보드는 컴퓨터의 심장이에요. 모든 중요한 구성 요소들이 이곳에 자리 잡고 있지요. 구성 요소들을 정확한 자리에 놓아야 컴퓨터가 제대로 작동할 수 있답니다.

'버스(bus)'는 메인보드 속 구성 요소들을 연결해서 데이터를 옮기는 것을 돕는 통로예요. 메인보드의 시작점부터 끝까지 연결되는 버스를 찾아보세요.

길벗어린이 홈페이지 gilbutkid.co.kr 에서 오른쪽과 같은 메모리 게임 카드를 프린트하여 메모리 게임을 즐겨 보세요.

활동 13

구성 요소들의 이름을 찾아요

누가 누구인지 맞힐 수 있나요? 똑같은 색이 이어진 길을 따라가 각각의 구성 요소들에게 알맞은 이름을 찾아 주세요.

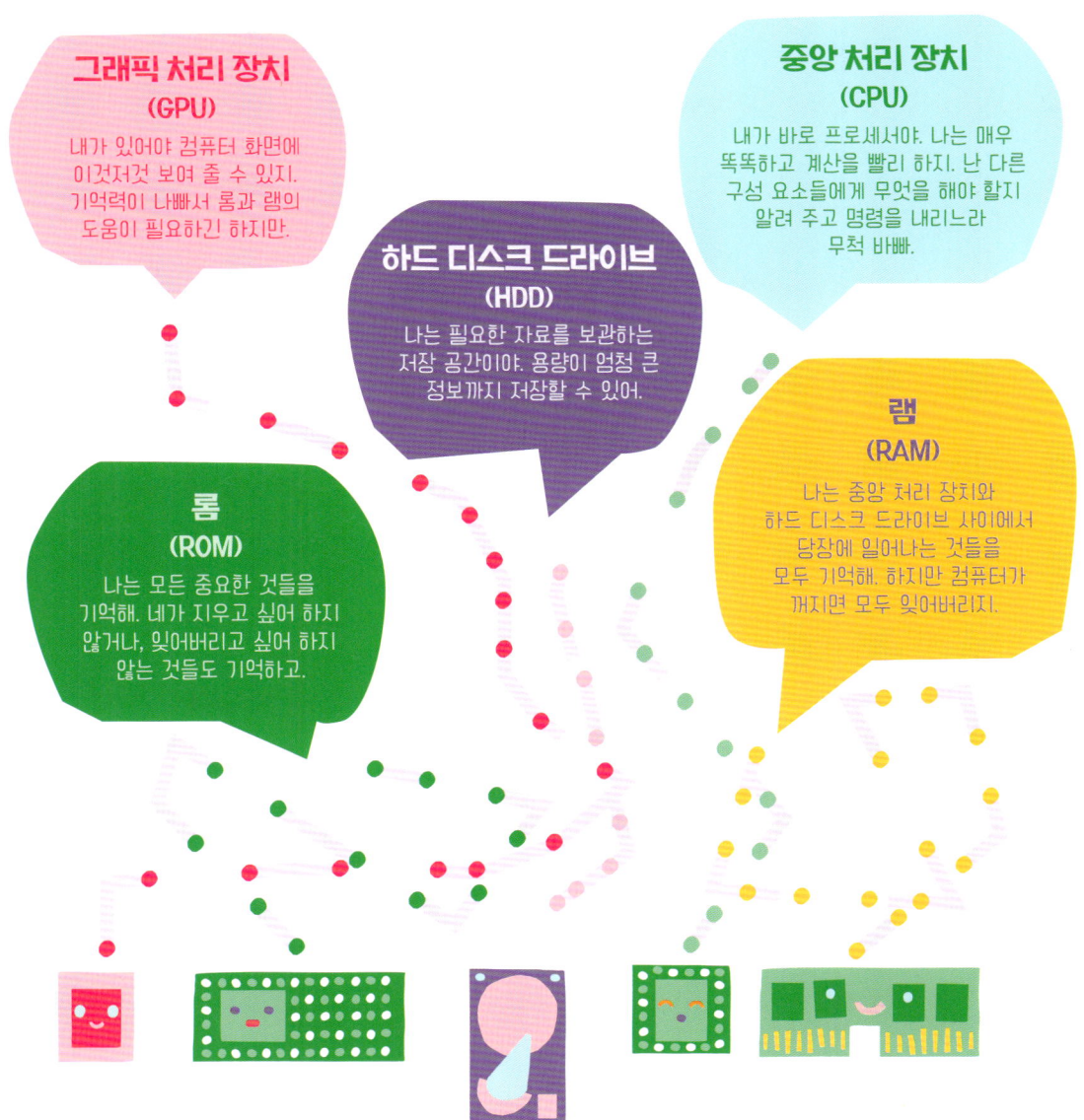

활동 14

GPU처럼 생각해 보아요

GPU는 화면의 이미지를 만들고 출력하는 일을 해요.
이번엔 여러분이 이미지를 보며 GPU처럼 생각해 볼까요?

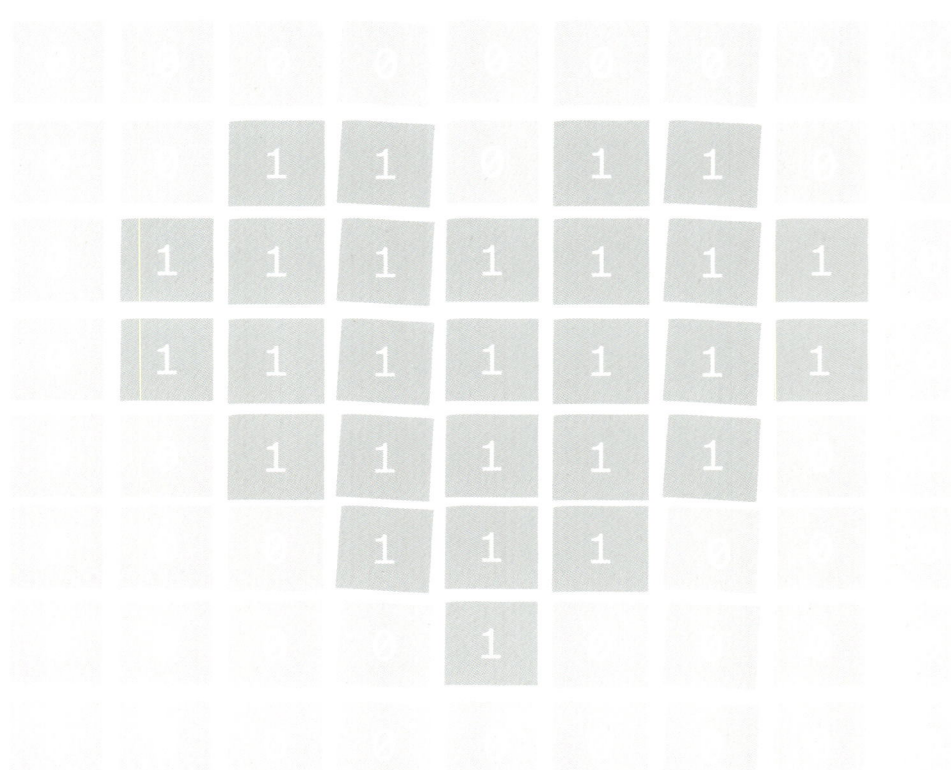

- 그림에는 1이 몇 개나 있나요? 0은 몇 개가 있나요?
- 두 번째 줄에서 왼쪽부터 세었을 때 네 번째 기호는 무엇인가요?
- 그림 속에는 어떤 모양이 있나요?
- 그 모양은 무슨 뜻을 가지고 있을까요? 여러분은 어떤 감정을 느끼나요?

내 GPU는 10억 분의 1초 만에 이것들을 셀 수 있어!

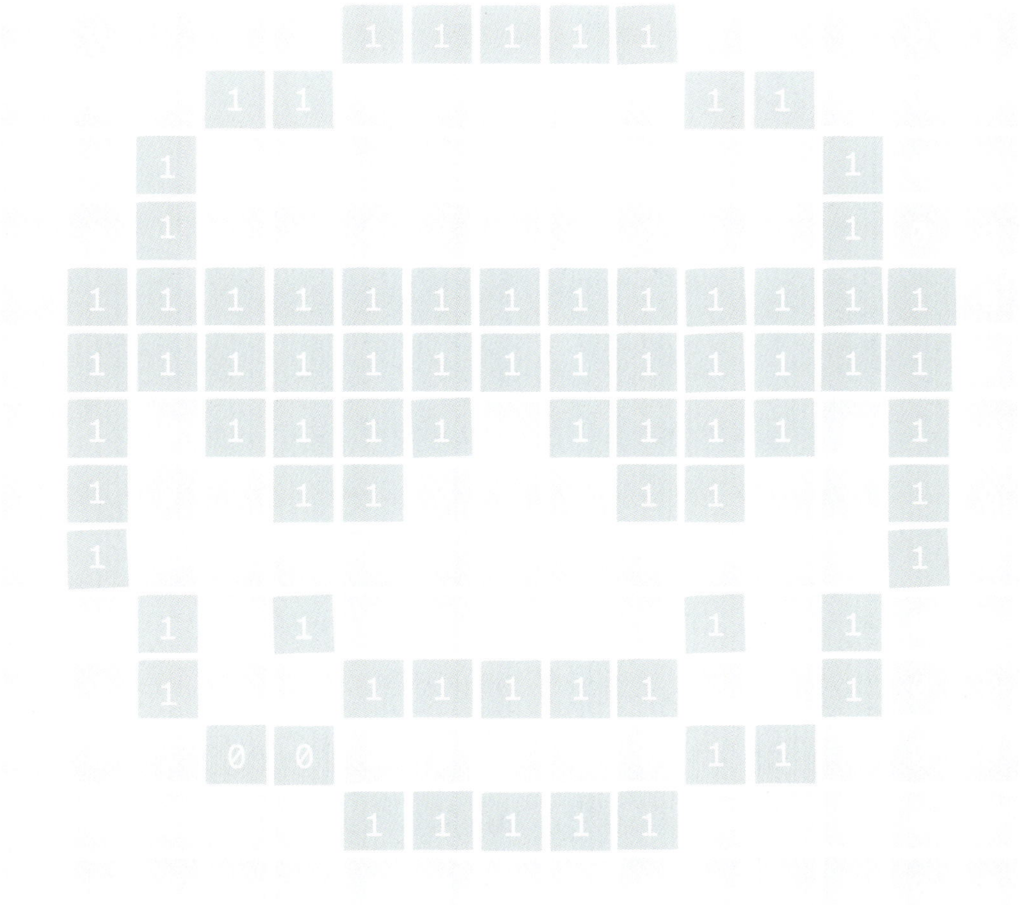

- 그림에는 1이 몇 개나 있나요? 0은 몇 개가 있나요?
- 네 번째 줄에서 왼쪽부터 세었을 때 여섯 번째 기호는 무엇인가요?
- 그림 속에는 어떤 모양이 있나요?
- 그 모양은 무슨 뜻을 가지고 있을까요? 여러분은 어떤 감정을 느끼나요?

생각해 봐!

두 개의 활동 중 어떤 것이 더 쉬운가요? 컴퓨터에겐 어떨까요? 우리가 왜 컴퓨터를 사용하는지 그 이유를 알 수 있나요?

활동 15

칩 스도쿠를 해 보아요

컴퓨터 속의 칩들은 증폭기, 저항 트랜지스터 같은 작은 전자 부품들로 이루어져 있어요. 루비가 칩을 디자인할 수 있게 도와주세요. 네 종류의 부품이 네 개씩 있어요.
하나의 칩에도, 칩 네 개의 각 줄에도 부품이 겹치지 않게 종류별로 하나씩만 들어가도록 칩의 빈칸을 채워 넣어 보세요. 단, 남아 있는 모든 칩을 사용해야 해요.

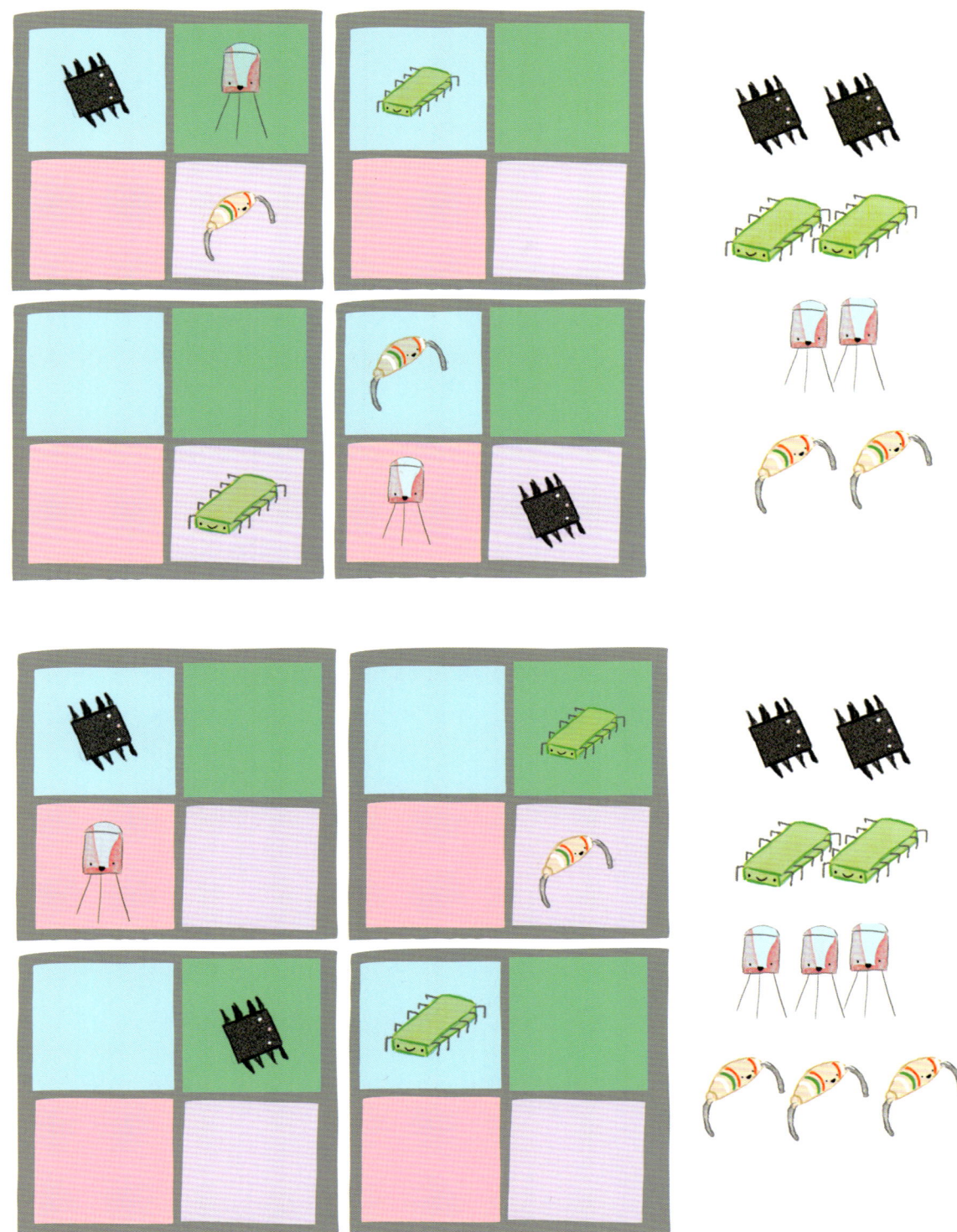

5 운영체제와 애플리케이션

모든 컴퓨터들은 컴퓨터를 사용하기 쉽도록 운영체제를 가지고 있어요.
운영체제는 모든 하드웨어와 소프트웨어를 관리해요.
보통 오퍼레이팅 시스템, 줄여서 '오에스(OS)'라고 부르지요.
애플리케이션은 이메일 쓰기, 포스터 만들기, 메시지 보내기 같은
특정한 일들을 하기 위해 사용하는 응용 프로그램을 말한답니다.

꼭 기억해!

운영체제는 교통 경찰 같아요. 소프트웨어와 하드웨어 사이의 명령들을 전달하고, 메모리들을 다루며, 일들이 매끄럽게 처리되도록 하지요. 다시 말해 누가 시스템을 사용할 수 있고, 어떻게 사용할 수 있는지를 관리하는 거예요. 또한 시스템 전체를 감시하고 제어하며, 애플리케이션도 관리한답니다. 이와 같이 운영체제는 응용 프로그램들의 실행을 도와주어 사용자가 컴퓨터를 편리하게 이용하도록 하지요.
어떤 운영체제는 파일이나 폴더 같은 아이콘들을 사용해 쉽게 이용할 수 있지만, 어떤 운영체제는 글자만 사용하기도 해요. 어떤 쪽이든 자신이 원하는 운영체제를 골라서 쓰면 돼요.
운영체제가 하는 일은 한마디로 컴퓨터 이용을 간단하게 만들어 주는 것이랍니다. 운영체제가 없다면 우리는 컴퓨터의 언어인 1과 0만으로 말해야 할 거예요.

활동 16

원하는 운영체제를 선택해요

운영체제를 선택하고 로고를 컴퓨터 뒷면에 붙여 주세요. 어떤 컴퓨터에서는 둘 이상의 운영체제를 실행할 수 있답니다.

리눅스(Linux)
리눅스는 5백만 명이 넘는 여러 나라의 프로그램 개발자들이 함께 만든 운영체제예요. 누구나 무료로 이용할 수 있답니다.

맥 오에스(Mac OS)
맥 오에스는 매킨토시(맥) 컴퓨터에서 사용하는 운영체제예요.

윈도(Windows)
윈도는 마이크로소프트에서 만든 운영체제로 PC에서 가장 많이 사용하는 운영체제예요.

이 밖에도 휴대전화에서 사용하는 안드로이드와 iOS 운영체제가 있습니다. 이 운영체제들은 터치스크린 장치를 염두에 두고 디자인되었지요.

> 운영체제는 용량이 큰 프로그램이야. 윈도 비스타는 5천만 개의 줄로 된 코드가 있다는 소문이 있어. 맥 오에스 X는 8천6백만 개나 된다고 하고. 그 코드들로 책을 채운다면 양이 어마어마하겠지?

여러분은 어떤 운영체제를 사용하나요? 왜 그것을 선택했나요?

활동 17

나만의 OS를 디자인해요

이제는 나의 휴대전화를 위한 나만의 운영체제를 만들어 볼 차례예요.
79쪽의 그림을 따라 휴대전화 본체를 그리거나, 길벗어린이 홈페이지에서 다운로드하여
여러분만의 운영체제를 디자인해 보세요.

애플리케이션

- 여러분의 휴대전화를 살펴보세요.
  어떤 애플리케이션이 있나요? 홈 화면에
  아이콘들을 디자인해 그려 보세요.

- 개성 있는 배경 화면을 그려 보세요.

- 애플리케이션이 실행될 때의 화면을
  디자인해 보세요. 아래의 요소들을
  사용할 수도 있어요.

기능

- 누가 여러분에게 전화를 하면 화면에
  무엇이 뜨나요? 전화가 왔을 때의
  화면을 디자인해 보세요.

- 여러분의 휴대전화는 어떻게 사진을
  찍나요? 사진은 어떻게 볼 수 있나요?

- 여러분 휴대전화의 키보드는 어떤
  형태인가요? 이모티콘도 있나요?

홈 화면

애플리케이션 아이콘

생각해 봐!

- 여러분은 글자만으로 운영체제를 만들 수 있나요?
- 시계를 위한 운영체제는 어떻게 생겼을까요?
- 냉장고의 운영체제는 어떻게 생겼을까요?
- 우주선의 운영체제는 어떨지도 생각해 보세요.

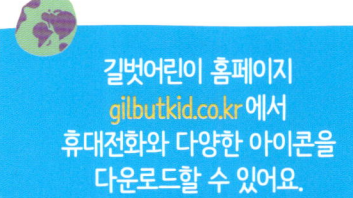

길벗어린이 홈페이지 gilbutkid.co.kr 에서 휴대전화와 다양한 아이콘을 다운로드할 수 있어요.

6

비트, 논리 게이트와 전기

비트는 컴퓨터에서 사용하는 가장 작은 정보 단위예요.
모든 것들을 간단히 켰다 끄는 스위치와 같죠.
여러분의 컴퓨터에 사진과 이야기와 노래가 담겨 있다고 생각하겠지만,
사실 전기가 없으면 어떤 것도 작동할 수 없답니다.

꼭 기억해!

콘센트에 플러그를 꽂으면 전기가 흐르지요. 전기가 흐르는 이유는 전기 회로에서 전자들이 이동하면서 +, - 전하를 운반하기 때문이에요. 여러분이 컴퓨터를 켜면, 전기가 칩 안으로 흘러 들어와요. 비트 역시 전기가 흐르면 켜지지요.

비트에 전기가 흘러 켜지고 꺼지는 건 2진법과 똑같아요. 2진법은 우리가 두 가지의 상태 중 한 개를 설명할 때 쓰는데, 불이 켜진 것은 1, 꺼진 것은 0이라고 생각하면 돼요. 논리학에서는 1을 '참'과 0을 '거짓'이라고 말한답니다.

전기	2진법	논리학
ON	1	참
OFF	0	거짓

컴퓨터는 수십억 개의 아주 작은 장치들을 이용해 결정을 내려요. 이 장치들을 '논리 게이트'라고 부르죠. 논리 게이트는 그리고(AND), 또는(OR), 아니다(NOT)의 세 가지로 이루어져 있어요. 논리 게이트의 결과값은 참(TRUE)과 거짓(FALSE), 이 두 가지 중 선택됩니다.

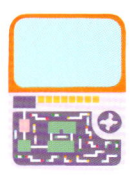

활동 18

플러그와 코드를 만들어요

컴퓨터는 전원 공급 장치에 꽂은 플러그와 코드를 통해 전기를 끌어와요. 헤드폰이나 마우스 같은 장치를 컴퓨터에 연결할 때도 플러그와 코드가 필요하지요. 코드는 전기뿐만 아니라 데이터를 전송하기도 해요. 요즘에는 코드 없이 블루투스로 전기를 공급받거나 데이터를 전송하는 경우도 많답니다. 아래 그림을 보면서 장치에 알맞는 코드를 살펴보고, 종이와 끈을 사용하여 여러분의 노트북과 연결할 플러그와 코드를 직접 디자인해 보세요.

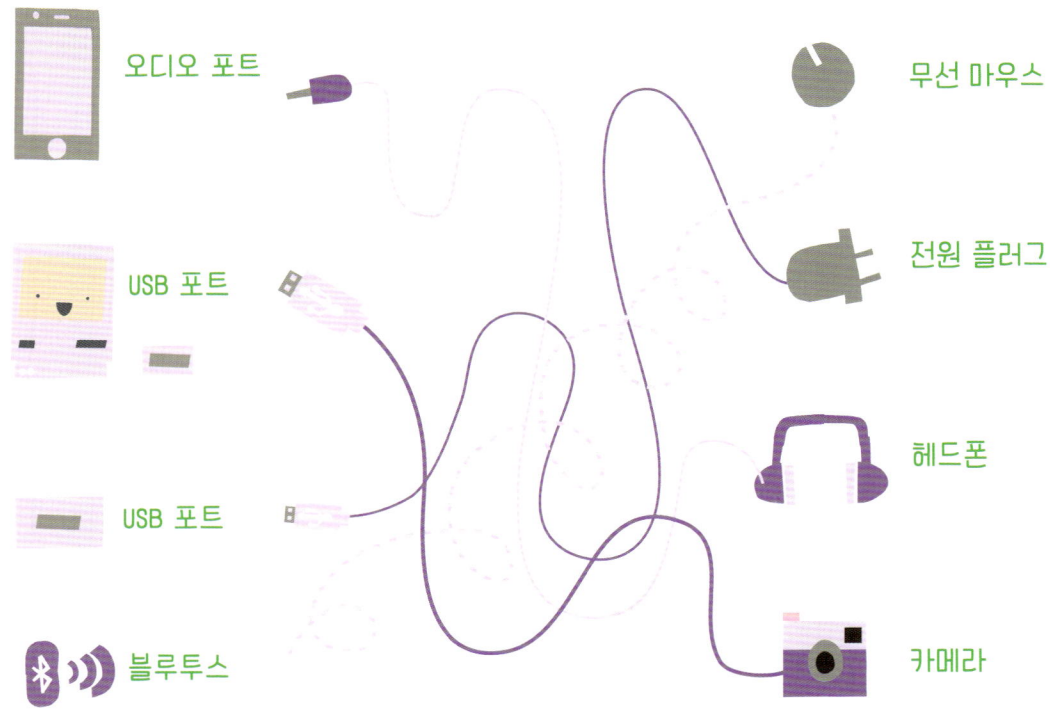

우리는 전기를 볼 수 있을까요? 여러분은 주위에서 전기가 흐르는 걸 본 적이 있나요?

활동 19

컴퓨터처럼 생각해 보아요

만약 어떤 질문에 대해 '예'와 '아니오'의 두 가지 선택만 할 수 있다면 어떨까요?
두 가지의 선택만으로도 여러분은 생각보다 많은 소통을 할 수 있답니다.

1 = 예   **0 = 아니오**

친구들과 함께 중앙 처리 장치, 그래픽 처리 장치, 램, 롬, 하드 디스크 드라이브, 마우스 등에 관한 퀴즈를 내 보세요. 그리고 돌아가면서 질문에 '예', '아니오'로만 대답하는 거예요.

그 친구는 점이 있어?

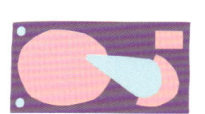  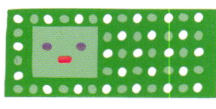

그 친구는 초록색이야?

생각해 봐!

친구들과 함께 아래와 같이 서로에 관한 질문을 하고 '예', '아니오'로만 대답하며 정답을 맞혀 보세요.

- 넌 네가 받은 생일 선물 중 무엇이 가장 좋았니?
- 넌 오늘 아침에 무엇을 먹었니?
- 넌 어떤 색을 가장 좋아하니?

활동 20

비트의 크기를 알아 보아요

비트는 킬로그램, 분, 미터처럼 무언가를 재는 단위이기도 해요. 비트가 모여 용량이 커지면 고유의 이름이 붙는답니다. 예를 들면, 8개의 비트는 1개의 바이트예요.
아래 파일들 중에 어떤 것이 가장 용량이 클까요? 크기에 알맞게 선으로 연결해 보세요.
부모님과 함께 실제 파일의 크기를 조사해 보는 것도 좋겠지요?

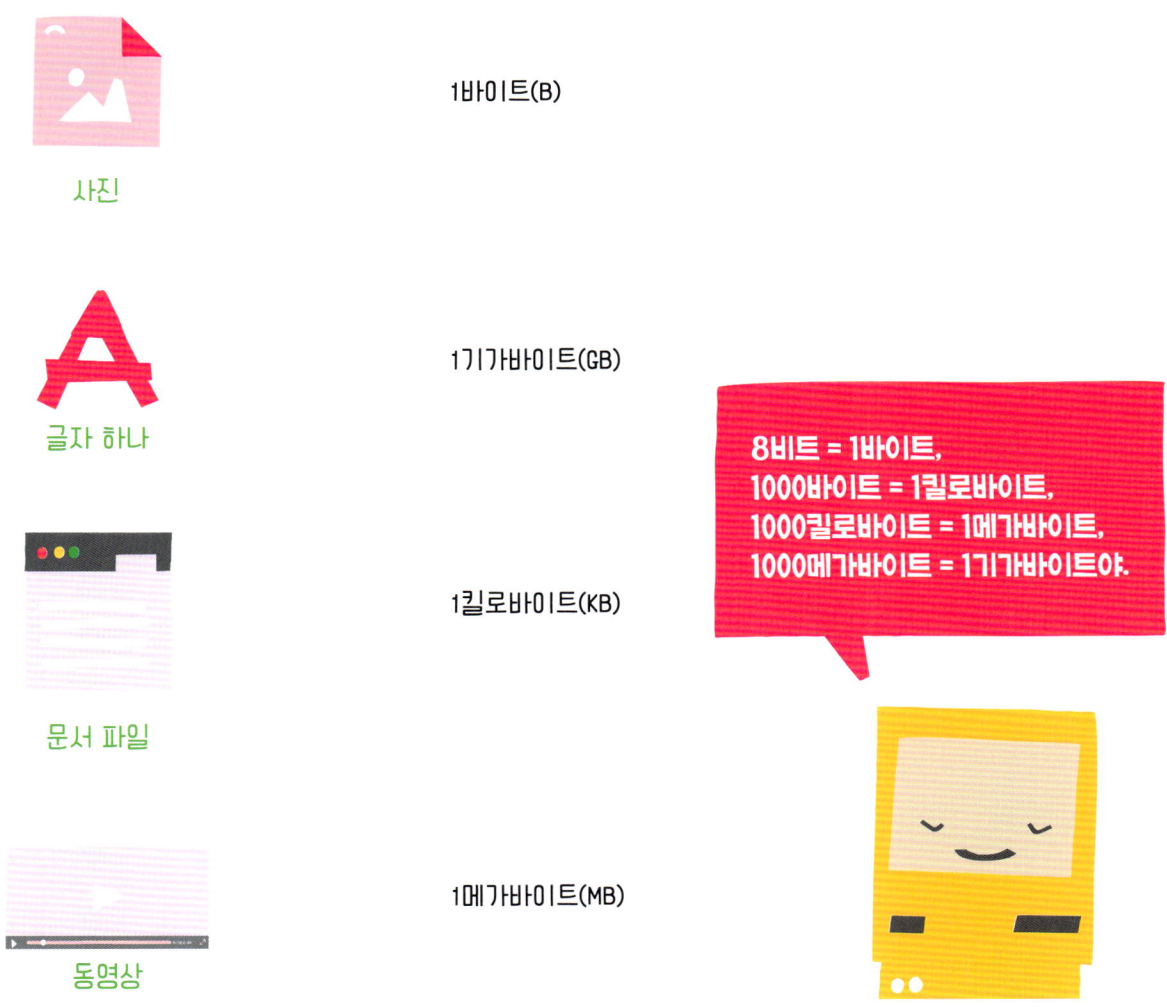

사진 — 1바이트(B)

글자 하나 — 1기가바이트(GB)

문서 파일 — 1킬로바이트(KB)

동영상 — 1메가바이트(MB)

8비트 = 1바이트,
1000바이트 = 1킬로바이트,
1000킬로바이트 = 1메가바이트,
1000메가바이트 = 1기가바이트야.

활동 21

컴퓨터처럼 써 보아요

예(1)와 아니오(0)만으로는 부족하다고요? 컴퓨터는 오직 두 개의 숫자들을 순서를 바꿔 여덟 개의 숫자들을 나열하는 것으로 모든 알파벳과 숫자, 구두점 기호를 쓸 수 있는걸요! 2진수로 표현한 알파벳 표를 보세요. 여러분이 노트북에게 지어 준 이름의 영문 알파벳 첫 글자를 아래 표에서 찾아 메인보드 위쪽 여덟 개의 빈칸에 2진수로 적어 보세요.

이번에는 여러분의 영문 이름을 2진수로 써 보세요.

A	0	1	0	0	0	0	0	1	P	0	1	0	1	0	0	0	0
B	0	1	0	0	0	0	1	0	Q	0	1	0	1	0	0	0	1
C	0	1	0	0	0	0	1	1	R	0	1	0	1	0	0	1	0
D	0	1	0	0	0	1	0	0	S	0	1	0	1	0	0	1	1
E	0	1	0	0	0	1	0	1	T	0	1	0	1	0	1	0	0
F	0	1	0	0	0	1	1	0	U	0	1	0	1	0	1	0	1
G	0	1	0	0	0	1	1	1	V	0	1	0	1	0	1	1	0
H	0	1	0	0	1	0	0	0	W	0	1	0	1	0	1	1	1
I	0	1	0	0	1	0	0	1	X	0	1	0	1	1	0	0	0
J	0	1	0	0	1	0	1	0	Y	0	1	0	1	1	0	0	1
K	0	1	0	0	1	0	1	1	Z	0	1	0	1	1	0	1	0
L	0	1	0	0	1	1	0	0									
M	0	1	0	0	1	1	0	1									
N	0	1	0	0	1	1	1	0									
O	0	1	0	0	1	1	1	1									

네가 방금 적은 코드는 기계 코드야. 이것이 바로 중앙 처리 장치가 따르는 명령이지.

활동 22

거짓말하는 논리 게이트를 찾아보아요

루비가 컴퓨터 속에서 만난 논리 게이트들이 어떤 문제를 냈었는지 기억하나요?
논리 게이트는 문제를 꽤 좋아하지요. 아래 그림을 보고 누가 거짓말을 하고 있는지
찾아보세요. '그리고', '또는', '아니다'라는 말을 잘 보고 참과 거짓을 선택하면 됩니다.

그리고(AND) 논리 게이트

참 1 / 거짓 0	참 1 / 거짓 0	참 1 / 거짓 0	참 1 / 거짓 0

나는 분홍색이고 초록색이다.	나는 노란색이고 초록색이다.	나는 분홍색이고 빨간색이다.	나는 분홍색이고 노란색이다.

이제 너도 여러 개의 명령을 합치면 엄청나게 복잡한 것들을 만들 수 있어. 비디오를 틀거나 차를 운전하는 것처럼!

또는(OR) 논리 게이트

참	거짓
1	0

나는
보라색 또는 분홍색이다.

참	거짓
1	0

나는
빨간색 또는 노란색이다.

참	거짓
1	0

나는
빨간색 또는 분홍색이다.

참	거짓
1	0

나는
보라색 또는 노란색이다.

아니다(NOT) 논리 게이트

참	거짓
1	0

나는
노란색이 아니다.

참	거짓
1	0

나는
파란색이 아니다.

참	거짓
1	0

나는
분홍색이 아니다.

참	거짓
1	0

나는
보라색이 아니다.

 생각해 보기

앞에서 각각의 논리 게이트의 '그리고', '또는', '아니다' 조건을 보고 어떻게 판단하였는지 차례로 아래의 표 안의 입력 칸에 써 넣어 보세요. 또 최종 결과가 어떻게 나왔는지는 출력 칸에 써 보세요.

AND

입력		출력
참	참	참

OR

입력		출력
거짓	거짓	거짓

NOT

입력	출력
거짓	참

> 나한테는 '참=1'이고 '거짓=0'이야.

컴퓨터 살펴보기

야호! 드디어 나만의 컴퓨터가 완성되었어요. 입·출력 장치도 넣었고, 구성 요소들을 제자리에 놓고, 운영체제도 골랐지요. 컴퓨터에 이름도 만들어 주고, 기계 코드도 써 주고, 전원 플러그와 코드도 디자인했어요. 이제는 사용해 볼 차례예요!

컴퓨터는 엔지니어, 과학자, 심리학자, 물리학자 등 여러 분야의 전문가들이 모여 만들어 낸 결과물입니다. 공동 작품인 셈이지요. 컴퓨터는 지금도 많은 일을 하고 있지만, 아직도 발전 가능성은 아주 높습니다. 컴퓨터가 복잡하고 어려운 일들을 수행하여 우리의 삶을 편리하게 해 주려면 사람들이 창의력을 더 발휘해야겠지요. 그러면 컴퓨터가 할 수 있는 일은 점점 더 많아질 거예요.

전기와 논리는 신기한 마법의 커플이지.

애플리케이션

운영체제

프로그래밍 언어

부품들

논리 게이트

비트와 전기

활동 23

애플리케이션을 디자인해요

컴퓨터나 휴대전화를 위한 애플리케이션을 디자인해 보아요.

구상하기

애플리케이션은 아래와 같은 직업을 가진 사람들을 어떻게 도와줄 수 있을까요? 각각의 직업에 필요한 애플리케이션의 기능을 생각해 보세요.

프로토타입 만들기

이제 구상했던 애플리케이션 중 맘에 드는 것을 하나 골라 프로토타입(prototype)을 만들어 볼까요? 프로토타입이란 본격적인 상품으로 나오기 전에 성능을 검증, 개선하기 위해 제작하는 시제품을 말해요. 여러분이 만든 애플리케이션을 한두 문장으로 요약하여 발표해 보세요.

프로토타입은 아이디어를 실행하는 데 도움이 되는 테스트 과정이야.

디자인하기

여러분의 상상력과 배운 기술들을 모두 활용하여 나만의 애플리케이션을 디자인해 보세요.

활동 24

미래의 컴퓨터를 상상해요

여러분이 디자인한 컴퓨터는 요즘 쓰이는 컴퓨터와 많이 비슷하지요? 미래에는 컴퓨터의 모습이 확 바뀔지도 몰라요. 아래의 목록에서 노란 박스와 파란 박스 한 개씩 골라 보세요. 그리고 둘을 합쳐서 어떤 컴퓨터가 될지 상상해 보아요.

내가 컴퓨터로 만든 것 :

내가 전원 버튼을 누를 때 컴퓨터가 하는 일 :

부모님은 처음 컴퓨터를 사용할 때 어떤 경험을 했는지 물어보세요. 그리고 여러분이 처음 컴퓨터를 접했을 때의 경험과 비교해 보세요.

활동 25

컴퓨터가 일하는 순서대로 따라가 보아요

우리가 컴퓨터에게 '사진 불러오기' 명령을 내리는 건 쉽지만, 컴퓨터는 화면에 사진을 보여 주기까지 수많은 과정을 거쳐야 한답니다. 아래 그림의 화살표를 손가락으로 따라가며 컴퓨터가 어떤 과정을 거쳐 사진을 보여 주는지 알아볼까요?

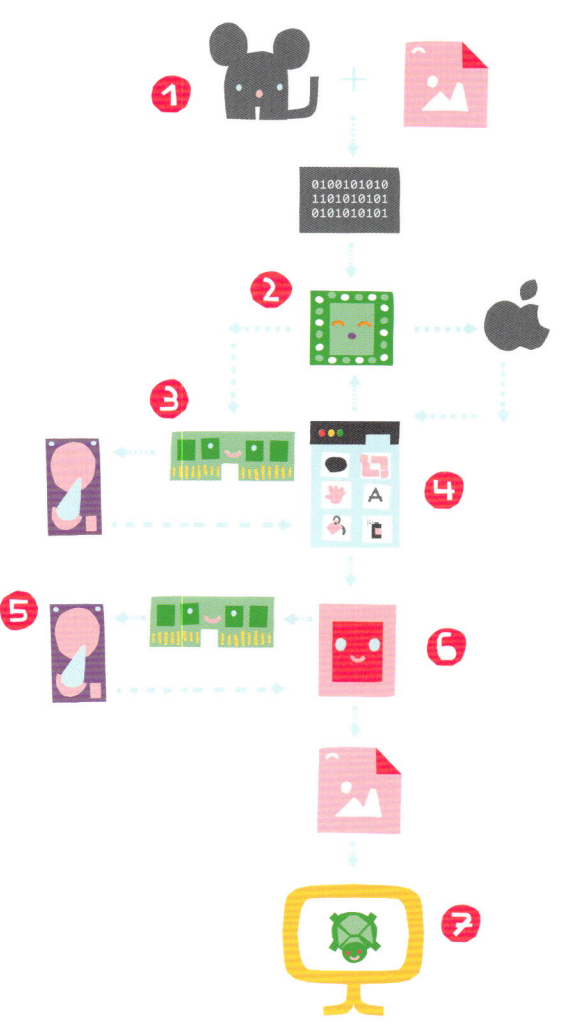

❶ 마우스가 사진을 클릭하면 컴퓨터는 열려는 사진을 알아볼 수 있는 코드를 만들어요. 그 코드는 중앙 처리 장치 안에서 일단 멈춥니다.

❷ 모두 하던 거 멈춰! 중앙 처리 장치는 코드를 운영체제에게 넘겨 주어요. 운영체제는 어떤 애플리케이션이 파일을 열지 결정하는데, 이때 중앙 처리 장치의 도움이 필요해요.

❸ 중앙 처리 장치는 램에게 하드 디스크 드라이브에서 어떤 애플리케이션을 가져올지 명령해요.

❹ 사진 애플리케이션은 이런 코드를 어떻게 다룰지 알아요. 하지만 그래픽 처리 장치의 도움이 필요해요.

❺ 그래픽 처리 장치는 램에게 저장 장치 안에서 이미지를 가져오라고 명령해요.

❻ 그래픽 처리 장치는 색를 만들어 내기 위한 계산을 해요. 픽셀(pixel)에 사진을 나타내기 위해서죠. 픽셀은 화면의 가장 작은 단위로, 화면의 네모난 점 하나하나를 뜻해요.

❼ 마침내 사진이 화면에 나타나요.

활동 26

암호를 맞혀요

컴퓨터를 안전하게 사용하려면 비밀번호를 지정해야 해요. 비밀번호는 보통 12~14개 정도의 부호들로 이루어지지요. 보다 안전한 비밀번호를 정하려면 알파벳의 대문자와 소문자, 숫자, 그리고 특수 기호들을 섞어서 정하는 게 좋답니다.

루비의 아빠는 루비의 컴퓨터 여행 이후로 비밀번호를 바꾸기로 결심했어요. 아빠가 남긴 힌트를 바탕으로 루비가 새 비밀번호를 맞힐 수 있게 도와주세요.

- 🟧 큰 상상력을 지닌 작은, 빨간 머리의 여자아이 이름 (첫 글자는 대문자)
- 🟩 루비에게 문제를 낸 첫 번째 논리 게이트 (모두 대문자)
- 🟨 루비가 모험하는 동안 옆에서 도와준 작은 친구 (첫 글자는 대문자)
- 🟦 아빠의 책상 벽에 붙어 있는 노란색 메모지 개수 (숫자)
- 🟥 아빠의 책상 벽 맨 위에 붙어 있는 특수 기호

🟧🟧🟧🟧 🟩🟩🟩 🟨🟨🟨🟨🟨 🟦 🟥

용어 풀이

아래 용어들은 어른들 눈높이로 써서 어려울 수 있어요. 그렇다고 겁먹을 필요는 없어요. 프로그래머들은 개념을 명확한 단어로 줄이는 걸 좋아해서 어렵게 보일 뿐, 이미 앞에서 모두 배운 개념들이랍니다.

그래픽 처리 장치(GPU) GRAPHIC PROCESSING UNIT
화면의 이미지를 만들고 출력하는 것과 관련된 모든 것을 담당하는 처리 장치

기계어 MACHINE LANGUAGE
컴퓨터가 이해할 수 있는 이진수인 1과 0으로 이루어진 언어. 프로그래밍 언어의 기본이 된다.

논리 게이트 LOGIC GATE
AND(논리곱), OR(논리합), NOT(부정)과 같은 세 가지 논리적 기능을 기반으로 하는 논리 연산을 수행하는 회로
- AND(논리곱) 두 단어 사이에 AND가 있고, 두 단어 모두 참이면 답은 언제나 참이다.
- OR(논리합) 두 단어 사이에 OR가 있고, 둘 중 하나라도 참이면 답은 참이다.
- NOT(부정) 어떤 것 앞에 NOT을 놓으면 반대라는 뜻이다.

데이터 DATA
컴퓨터 프로그램을 작동시키는 사진이나 동영상, 게임 등의 파일. 컴퓨터가 인식하는 데이터는 크게 세 가지로 나뉜다. 문자열(String), 숫자, 데이터가 사실인지 아닌지 결정하는 불(Boolean) 방식이다. 모든 데이터는 1과 0으로 컴퓨터에 저장된다.

램(RAM) RANDOM ACCESS MEMORY
데이터가 저장된 위치에 관계없이 일정한 시간 안에 기억된 정보를 읽어 내거나, 다른 정보를 기억시키는 기억 장치. 컴퓨터 전원을 끄면 기억된 데이터가 삭제된다.

롬(ROM) READ ONLY MEMORY
컴퓨터의 부팅 방법과 같이 변경할 수 없는 데이터가 저장된 기억 장치. 컴퓨터를 구동하기 위한 기본적인 정보가 담겨 있으며, 컴퓨터 전원을 꺼도 데이터가 지워지지 않는다.

메인보드 MOTHERBOARD
컴퓨터 내부에서 중앙 처리 장치, 메모리와 다른 장치들을 연결하는 기본 회로와 부품들을 담고 있는 가장 기본이 되는 하드웨어

비트 BIT
컴퓨터에서 정보를 나타내는 가장 작은 단위. Binary Digit(2진수)의 줄임말로, 컴퓨터는 문자를 포함한 모든 정보를 두 개의 숫자 1과 0으로 바꾸어 저장한다. 8비트는 1바이트와 같다.

센서 SENSOR
환경의 변화나 입력을 감지한 뒤 필요한 정보를 신호로 출력하는 장치. 온도 센서, 빛 센서, 습도 센서, 압력 센서 등이 있다.

소프트웨어 SOFTWARE
컴퓨터에 명령을 내려서 작업을 수행하게 하는 프로그램 또는 그와 관련된 기술. 하드웨어를 제외한 모든 프로그램을 소프트웨어라고 한다.

애플리케이션 APPLICATION
휴대전화나 태블릿 PC에서 실행하는 응용 프로그램. 줄여서 앱이라고 부른다.

운영체제 OPERATING SYSTEM
소프트웨어와 하드웨어 사이의 명령들을 전달하며 컴퓨터 시스템을 관리하고 제어하는 실행관리자

입력 장치 INPUT DEVICE
키보드, 마우스, 터치패드 등과 같이 컴퓨터에 데이터를 입력하는 모든 장치

전기 ELECTRICITY
+, − 전자의 이동을 통해 발생하는 에너지. 컴퓨터에서 전기는 스위치를 켜고 끄는 것을 돕는다.

중앙 처리 장치(CPU) CENTRAL PROCESSING UNIT
프로그램을 실행하고, 데이터를 처리하는 컴퓨터의 핵심 장치. 프로세서라고도 한다.

출력 장치 OUTPUT DEVICE
화면, 프린터, 스피커 등과 같이 사람이 이해할 수 있는 형태로 컴퓨터가 처리한 데이터를 불러오는 장치

하드 디스크 드라이브(HDD) HARD DISK DRIVE
대량의 자료를 저장하는 대용량 저장 장치. 램과 같은 주기억장치를 보조하는 보조 기억 장치이다. 가지고 다닐 수 있는 휴대용 외장 하드 디스크 드라이브도 널리 쓰인다.

하드웨어 HARDWARE
모니터, 본체, 스피커, 외장하드, 키보드, 마우스 등과 같은 컴퓨터 시스템의 물리적인 장치들

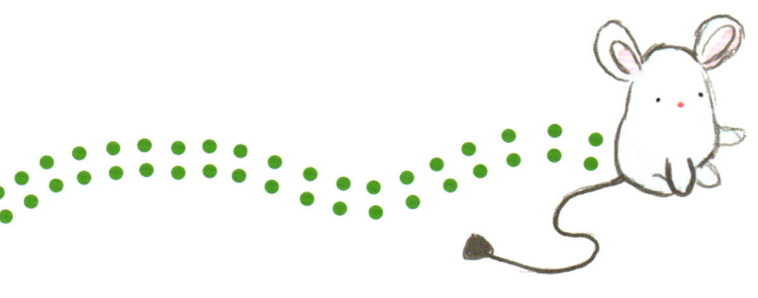

© Maija Tammi

지은이 **린다 리우카스** Linda Liukas

핀란드의 수도 헬싱키에서 태어났어요. 프로그래머이자, 작가이자, 일러스트레이터입니다. 핀란드 알토대학교에서 경영, 디자인, 공학을 공부한 뒤, 미국으로 건너가 스탠포드대학교에서 제품공학을 공부했습니다. 또한, '2013 루비히어로(The 2013 Ruby Hero)'에 선정됐고, 핀란드를 대표하는 디지털 챔피언(Digital Champion)이랍니다. 린다는 전 세계 여성들에게 프로그래밍을 가르치는 국제 운동인 '레일 걸즈(Rails Girls)'를 만들어 전 세계 250개가 넘는 도시에서 자원 활동가들과 함께 워크샵을 열었습니다. 지금까지 만 명이 넘는 여성들이 이곳에서 프로그래밍 기초를 배웠지요. 린다는 프로그래밍 교육 회사인 코드카데미(Codecademy)에서 일했어요. 그러던 어느 날, '코드'라는 21세기형 언어를 어린이책을 통해 전하고자 회사를 떠났습니다. 그는 소프트웨어 세상에서 정작 소프트웨어를 다양하게 창조하는 힘이 부족하다고 생각해요. 삐삐와 무민을 읽으면서 자란 린다는 웹 세상에서도 동화 같은 이야기가 잔뜩 숨어 있다고 말합니다. '헬로 루비'는 미국의 크라우드펀딩 서비스인 킥스타터(Kickstarter)에서 세 시간 만에 10,000달러가 넘는 기금을 모았고, 가장 후원을 많이 받은 어린이책 가운데 하나입니다.

 lindaliukas.fi　　 facebook.com/lindaliukas　　 @lindaliukas　　 helloruby.com

옮긴이 **이지선**

숙명여자대학교 시각영상디자인학과에서 학생들을 가르칩니다. 숙명여자대학교에서 산업디자인을, 뉴욕대학교에서 인터렉티브 텔레커뮤니케이션 프로그램을 전공하고 서울대학교에서 디자인학으로 박사 학위를 받았습니다. 미디어 아티스트이자 UX 디자인 및 IT 경영 전략 컨설턴트, 메이커 교육 전문가, 소중한 딸 혜나의 엄마로 살고 있습니다.
지은 책으로는 《반짝반짝 바느질 회로 만들기》, 해외에서 출간한 《Make: Kids Crafts》가 있습니다. 아이들이 '만들기(메이커)'를 통해 창의성을 키우고 나누길 바라며 '테크 D.I.Y.', 'CODE FOR KIDS' 같은 다양한 기술 교육 프로젝트를 진행하고 있습니다. 딸 혜나와 함께 즐겁게 놀면서 모두가 즐거워하는 테크놀로지 세상을 꿈꿉니다.

 jisunlee.net　　 facebook.com/jisunlee.net　　 @jisunlee
 youtube.com/user/jsl398

헬로! CT는 다양한 접근방식으로 스스로 문제를 해결하는
컴퓨팅 사고력(Computational Thinking)을 키우는 시리즈입니다.

01 코딩이 쉬워지는 10가지 슈퍼 코딩 숀 맥마누스 지음 | 김종훈 외 옮김
02 헬로 루비: 코딩이랑 놀자! 린다 리우카스 지음 | 이지선 옮김
03 헬로 루비: 컴퓨터랑 놀자! 린다 리우카스 지음 | 이지선 옮김
04 시크릿 코더① 수상한 학교를 코딩하라! 진 루엔 양 글·마이크 홈스 그림 | 임백준 옮김
05 시크릿 코더② 비밀의 출입구를 코딩하라! 진 루엔 양·글 마이크 홈스 그림 | 임백준 옮김
06 시크릿 코더③ 위기의 마을을 코딩하라! 진 루엔 양 글·마이크 홈스 그림 | 임백준 옮김
07 시크릿 코더④ 가장 강력한 터틀봇을 코딩하라! 진 루엔 양 글·마이크 홈스 그림 | 임백준 옮김
08 시크릿 코더⑤ 새로운 세상을 코딩하라! (가제) 진 루엔 양 글·마이크 홈스 그림 | 임백준 옮김 (근간)
09 시크릿 코더⑥ 몬스터를 코딩하라! (가제) 진 루엔 양 글·마이크 홈스 그림 | 임백준 옮김 (근간)
10 스크래치 코딩 카드: MIT 미디어랩 스크래치 공식 가이드북 MIT 미디어랩, 나탈리 러스크 지음 | 홍지연 옮김
11 화살표 코딩① 코딩의 기본 원리 맥스 웨인라이트 지음 | 김현철 옮김
12 화살표 코딩② 루프·출력·변수 맥스 웨인라이트 지음 | 김현철 옮김
13 화살표 코딩③ 선택과 난수 맥스 웨인라이트 지음 | 김현철 옮김
14 화살표 코딩④ 웹 사이트 만들기 맥스 웨인라이트 지음 | 김현철 옮김
15 부모와 교사를 위한 화살표 코딩 가이드북 맥스 웨인라이트 지음 | 김현철 옮김
16 화살표 코딩 20가지 게임 (가제) 맥스 웨인라이트 지음 | 배장열 옮김 (근간)
17 마인크래프트 실험실 존 밀러, 크리스 포넬 스콧 지음 | 송은정, 노푸름 옮김 (근간)

헬로! CT 시리즈는 계속 출간됩니다.